落合務の美味パスタ

落合　務

講談社+α文庫

はじめに

イタリア人にとってのパスタは、日本人のご飯に対する思い入れと同じくらい強い。というより、それ以上だろう。三百六十五日、パスタを食べない日はないのだから。しかし、このところの日本人のパスタ熱も相当レベルが上がってきたと僕には思われる。この10年間で、国内のイタリアンレストランの数は3倍以上に増えたといわれているし、その水準だってイタリア人も驚くほど高くなった。

外で食べ覚えた味を家庭でも作りたい！　しかも、むずかしいものではなく、手に入りやすい材料だけでできるパスタ！

台所に立つのが初めてのお父さんでも、夜更けに1人うまいスパゲティを食べたいだろうし、日曜の昼ごはんは俺にまかせろとも言ってみたいだろう。そんな願望にかなう、パスタだけのハンディな本をいつか作りたいと思っていた。何冊ものイタリア料理の本を作ってきた僕だが、結局、みんなが家で作りたい料理はパスタなんだということがわかってきたからだ。

　これまでの経験をふまえて、だれからも愛されるパスタのレシピははずさずに入れたし、店で人気のメニューのレシピも披露している。イタリアンは簡単！　スパゲティは大得意！　ごちそうするから遊びにおいでよ！　そんなふうに豪語するのも遠い夢ではない。

　僕の本格的な料理人人生は、フランス料理からスタートした。勉強のために、１９７６年、フランス国内を食べ歩き、その帰りに、ローマに１週間だけ立ち寄った。連日、イタリア料理を食べたが、その味は、舌にしっかり焼きつけてきたはずのフランス料理がぶっ飛んでしまうくらいの強いインパクトがあった。かくして、僕の初心はもろくもくずれ、あっさりとフランス料理からイタリア料理へと宗旨がえしたのだった。帰国後、イタリア語を勉強して、ようやく２年後にイタリアで本格的に料理修業が始まった。

　期待に胸をふくらませて入ったローマ郊外の「チェレスティーナ」の厨房《ちゅうぼう》。だが、そこで見た光景には頭を抱えてしまった。包丁は切れない、切り方はおおざっぱ、魚のおろし方にいたっては言語道断。フライパンを扱えばぼろぼろ中身はこぼす。サービス係より手際の悪いやつもいる。断っておくが、「チェレスティーナ」は名の通った店である。それがこのありさま。10年間、フランス料理で鍛えられた僕の目にはあきれることも多かった。

しかし、だ。そのおおざっぱに見えた料理がうまいのである。1週間、1ヵ月、時間がたてばたつほど、ますますそのうまさにひかれ、居続けることになった。おおざっぱに見えて、実は勘どころだけははずさずに料理するスタイルに共感を覚えたからだ。そして、これがラ・ベットラのイタリアンの原点になった。

パスタ料理は複雑なものではない。いくつかの勘どころさえきっちり押さえれば、あなたにも僕と同じものがきっと作れるようになるはずだ。何度もトライして、うまい！　とうなるおいしさをゲットしてほしい。

２００６年４月

落合　務

◉目次

第1章　基本知識とテクニックをマスターする

第2章　ラ・ベットラの定番人気パスタをマスターする

第3章　ソースいらずの魚介パスタをマスターする

第4章　気どらない旬の味をマスターする

第5章　魚介の扱いとさばき方をマスターする

本書のきまり

◎　パスタ1人分は80ｇを基本としています。スパゲティの束でいうと直径約２cmです。パスタの量は100ｇ（束で約2.5cm）まで増やしてもOKです。

◎　材料は、基本的に1人分の量を表記してあります。

◎　大さじ１は15cc（ml）、小さじ1は５cc（ml）です。

◎　EVオリーブ油は、エクストラヴァージンオリーブ油のことです。

◎　バターは無塩バターを使っています。

◎　バジリコソース、トマトソース、ホワイトソースなどは市販品でもかまいません。

◎　スパゲティをはじめ、パスタはすべて２～３％の塩を加えた湯でゆでます。ゆでる湯の量が２ℓとすると、塩は50ｇ前後（約大さじ３～４）となります。

落合務の美味パスタ

美味パスタへの道

第1章 基本知識とテクニックをマスターする

パスタの話

おなじみのスパゲティだけではない 実に奥深いパスタの世界

日本でいちばんなじみのあるパスタといえばスパゲティだが、イタリアでは流通しているだけでも400種類を超すといわれている。これに、各家庭で作る手打ちのパスタを加えたら、それこそ何万種類にものぼるだろう。

そもそも小麦粉を水や卵で練ってのばし、切ったり成形したりしたものの総称をパスタというのだが、形は実にさまざまだ。ロングパスタと呼ばれるものの代表はスパゲティで太さは1.6㎜前後。本場イタリアでは、太さによって名称も変わってくる。最も細いのが直径1㎜前後のカペッリーニで、別名エンジェルヘア（天使の髪の毛）。スパゲティよりやや細いスパゲティーニやちょっと押しつぶされたような扁平《へんぺい》形のリングイネなどは日本のレストランでも最近よく使われている。

長いロングパスタに対して短く成形されたものをショートパスタと呼ぶ。おなじみのマカロニを始め、形によってペンネ（ペン先の形）、コンキリエ（巻き貝の形）、ファルファッレ（蝶の形）などの名前がついている。

また、麺の形をしていない、シューマイや春巻きの皮のようなカネロニやラザニアもパスタの一種だ。

パスタの形とソースには相性がある

肉厚なパスタには強いソース、細いパスタにはあっさりしたソース、また、冷たいパスタ料理には細いパスタが合うといわれている。たとえば、濃厚なミートソースをそうめんのように細いパスタで食べたらソースの味にパスタが負けてしまう、といえばわかってもらえるだろう。パスタ料理はソースとの相性を考えて調理することが大切だ。

12世紀頃からアラブ人がシチリアで小麦を栽培し、作り始めた乾燥パスタ。その手法はやがて海を渡ってナポリへ伝わり、産業革命以降は北部に工場ができてイタリア全土に広まった。さらに全世界へと広まっていくのだが、現在日本に輸入されているパスタ会社の本社の多くは、今でもイタリア北部に集中している。

[→ロングパスタ]

1 カペッリーニ
直径1mm前後。
2 ヴェルミチェッリ
別名フェデリーニ。直径1.5mm前後。
3 スパゲティーニ
スパゲティよりやや細め。
4 リングイネ
スパゲティを押しつぶした形。
5 ブカティーニ
穴があいている。

[←生パスタ]

1 カネロニ
2・5 タリアテッレ
薄くのばした生地を細く切ったもの。
3 ガルガネッリ
ペンネのやわらか生パスタ版。
4 タリオリーニ
タリアテッレよりやや細め。
6 ラビオローネ
詰め物をしたパスタ。小型はラビオリ。
7 ラザニア
8 パッパルデッレ
幅広パスタ。

[ショートパスタ]

ファルファッレ

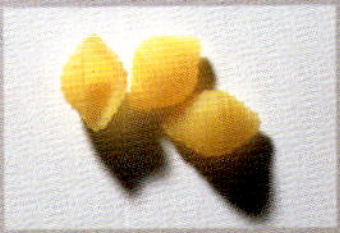
コンキリエ

ペンネ・リガーテ

リガトーニ

フジッリ

1
2
3
4
5
6
7
8

ゆで方の話

パスタの命は、下味の塩加減とゆで上げのタイミング！

ベットラではコースの中の一品ということもあって、パスタの量は1人分60～70g。パスタだけ食べるのなら1人分100gでもいい。パスタが静かにお湯の中で漂っている感じでゆでたいので、湯の量は2ℓはほしいところ。この量のお湯を沸かすのに家庭のガス台で何分かかるか？　だいたい15分ぐらいはかかるので、まず最初にお湯を沸かし始める。ソースが簡単なものほどこれは大切なこと。

ゆで上がるまでにソースを作っておく

さて、水を入れてふたをした鍋（これ大事。ふたをしないで沸かす人が多い）を火にかけている間に材料の下ごしらえをしてソース作りにとりかかろう。理想的にはソースのでき上がりとパスタのゆで上がりが同時だと最高。意外にこのタイミングが合わない人が多いようだ。パスタのゆで時間はだいたい7〜8分だから、自信がない人は、まずソースを作ってからパスタをゆで始めるといい。ソースのほうは温め直しがきくし、煮つまったら水でのばせばいいから。

ゆでる湯は2ℓ、塩は湯の量の2〜3%の大さじ3。お澄ましより濃いめの塩味

鍋の湯が沸いたら塩を入れる。塩は湯の量の2〜3%だから1ℓにつき20〜30g。けっこうしょっぱいが、この塩でパスタに下味がつく。うどんやそうめんと違って、パスタには塩が入っていないので、この下味がきちんとついていないと、どんなにおいしいソースであえてもなんだか間の抜けた味になってしまうのだ。

いよいよパスタ投入。パスタはくっつかないようにばらして入れる。湯が再び沸騰するまでざっと混ぜたら、あとは湯の表面がフツフツと沸いている程度の火加減にし、ほったらかしておく。箸でかき混ぜるとせっかくパスタの表面についているザラザラした傷がなくなってしまい、ソースのからみが悪くなるから注意。

そろそろゆで上がる頃になったら1本食べてみる。シコッとかみごたえのある好みの「アルデンテ」になっていたら、すぐに熱々ソースとからめてでき上がり。

くっつかないように
ばらして入れる

塩はたっぷり。これで
パスタに下味がつく

ゆで上がったら
手早く、手早く！

お湯の中で静かに
漂う感じでゆでる

アーリオ・オーリオの話

にんにく・オリーブ油・赤唐辛子を制する者は、イタリアンを制す！

アーリオ・オーリオ・エ・ペペロンチーノ——通称アーリオ・オーリオ。僕らはもっと略して「アリオリ」なんていってるけど、いわずと知れた人気パスタの王様だ。だが、イタリアではレストランのメニューにはまずのっていない品で、家庭料理やまかないで食べることはあっても、これでお金をとろうなんてイタリア人は考えていない。まあ頼めば作ってくれるけどね。具は何も入っていないから、いわばシンプルな素《す》うどんのようなものだ。しかし、にんにくとオリーブ油と赤唐辛子がからまったスパゲティのうまさは、いつ食べても何度食べてもあきることがない。

いたってシンプルな、３つのごくありふれた（嬉しいことに台所の片隅にいつもころがっている）材料だけで作れるパスタだけど、これがスムーズに作れるようになると、おおかたのパスタは上手に作れるという基本的なテクニックがたくさんひそんでいる。

冷たい油ににんにくを入れて、ゆっくりゆっくり油に香りを移す

この料理には、おいしいオリーブ油ににんにくや赤唐辛子の風味をつけてさらにおいしくしましょうよ、という狙いがある。だから、絶対に焦がしてはダメ。油から煙が出るほど熱くするのも禁物。にんにくは油がまだ冷たいうちにフライパンに入れ、それから火をつける。炒めるというより温めるという感覚だ。フライパンを傾けながら弱火でにんにくにじっくり火を通す。中までほっこり火が通ったら、種を取った赤唐辛子を入れる。ここでフライパンはいったん火からはずし、そのまま油の中で静かに漂っている感じで余熱で火を通していく。そうすると赤唐辛子の赤い色はキープされたまま風味だけが油に移る。アーリオ・オーリオ(にんにくの香りのオイル)ができたら、ここでパスタのゆで汁を大さじ1~2加えてフライパンをゆすりながら、とろんとするまでソースを乳化させる。これも大きなポイントの一つ。

好みだが、僕はにんにくはみじん切りにしない。プロでもあっという間に焦がしてしまいがちだし、ほっこりきつね色に揚がったのを食べるのが楽しみだから。

スパゲティ・アーリオ・オーリオ・エ・ペペロンチーノ

作り方

❶スパゲティをゆで始めると同時に、フライパンにEVオリーブ油とにんにくを入れ、弱火で温め始める。

❷にんにくがきつね色になったら火を止めて、赤唐辛子を入れ、余熱で温める。

❸イタリアンパセリを加え、スパゲティのゆで汁を適量（大さじ1～2）加え、フライパンをゆすってとろんとさせる。

❹ゆでたてスパゲティの湯をきって③に加え、フライパンをゆすってソースとあえる。

＊スパゲティを加えてから温めなおすことは厳禁。表面が固まり、口当たりが悪くなる。

冷たい油ににんにくを入れ、弱火で温め始める。フライパンを傾けると、やりやすい。

種を除いておいた赤唐辛子はにんにくがきつね色になったあと、火を止めてから入れる。

材料（1人分）

スパゲティ……………………80g
にんにく（つぶす）……2かけ
赤唐辛子（種を除く）
……………………1～2本
イタリアンパセリ（粗みじん切り）……………………適量
EVオリーブ油………大さじ2
塩………………………………適量

乳化の話

不仲の水と油をなじませる「乳化」がうまさを誘う

「うまい」ってどういうことだと思う？　たぶん、味に深みがあるとかコクがあるっていう意味で使われるケースが多いと思うけど、僕は油の使い方にもうまさを決める力が隠されていると考えている。たとえば、ゆでた野菜に塩をかけただけでもうまいけど、ドレッシングをかけたほうがよりうまい。なぜなのか。これは、ストレートに塩が舌の味覚細胞を刺激するよりも、油と混ざり合ったほうがよりソフトな刺激になるので、こなれたうまさに感じるからだ。さらに、塩は水に溶けるという性質があるから、この塩分を含んだ水（ここでいうのは、素材から出た水分やワイン、レモン汁も含む）と油をなじませるテクニックが重要になってくる。

さて、そこでいよいよ乳化の話。女性ならすぐにわかると思うけど、ふつう化粧水はシャバシャバしていていてクリームはべっとりしている。その中間に使う乳液はしっとりした状態だよね。乳液は水分の細かい粒子を油分がおおっている状態。これと同様に、完全に溶け合ってはいないけど、水と油が非常に細かく混ざり合っている——これを乳化（エマルジョン）と呼んでいる。

おいしいエキスが出たおつゆも、油とバラバラ状態だと妙に油っぽい仕上がりに

前置きが長くなってしまったけど、スパゲティ・ボンゴレを例にとって乳化のテクニックを話してみよう。このパスタはあさりのおつゆのうまさで食べる料理だが、このおつゆでスパゲティをあえただけでは水っぽくてうまくない。そこで、うまさの素《もと》オリーブ油を加える。でも、単に加えただけでは、油とおつゆはまだバラバラ状態。乳化していない。そこで、2つがなじむように、火加減を落としてフライパンをゆすりながら混ぜ合わせていく。ゆするうちに油とおつゆの粒子が細かくなって、白っぽくとろんとしてくる。そう、この状態が乳化だ。

ここで火を止めてパスタを放り込み、ソースとあえる。凝縮した具のエキスとおリーブ油の風味が溶け合って、とろとろになってパスタにからみつく。そうなって初めて、うまいっ！　となるわけだ。

スパゲティ・ボンゴレ

作り方

❶スパゲティをゆで始める。

❷フライパンでEVオリーブ油大さじ２とにんにく、赤唐辛子を弱火で温める。

❸②に殻をきれいに洗ったあさりを入れ、白ワインを加え、ふたをしてあさりの口が開くのを待つ。火加減は強火。

❹ふたを取り、刻んだイタリアンパセリを加え、EVオリーブ油大さじ１を加え、フライパンをゆすってソースを乳化させる。

❺④の塩加減をみて、足りなければ塩で調味して火を止め、ゆでたてスパゲティをあえる。

あさりから出たおつゆを煮つめ、うまみを凝縮させるひと手間も大事なテクニック。

オリーブ油を加えただけなので乳化はまだ。フライパンをゆすりながら仕上げていく。

材料（1人分）
スパゲティ ………………80g
あさり（砂抜きする）……15個
にんにく（つぶす）…… 1かけ
赤唐辛子（種を除く）…… 1本
イタリアンパセリ ………適量
白ワイン ……………大さじ1
EVオリーブ油………大さじ3
塩…………………………適量

オリーブ油の話

パスタで「ビアンコ」といえばオリーブ油が味の決め手になる

僕が使っているオリーブ油は、ＥＶ（エクストラヴァージン）オリーブ油のみ。オリーブの実を搾《しぼ》っただけの香り高い油だ。ピュアオリーブ油というのもあって、こちらは一般的には加熱調理用とされているけれど、僕は使わない。肉などを焼くときにはサラダ油を使う。肉自体に強いうまみがあるから、別にオリーブ油でうまみをプラスする必要はないのだ。逆に、野菜スープの野菜を炒めるときは、オリーブ油の風味も重要なポイントになるから、ここはＥＶオリーブ油の出番となる。さらには、料理の仕上げでうまみ調味料的にかけることもある。みなさんよくご存じのカルパッチョなどはこの使い方だよね。これも当然ＥＶオリーブ油。だから、ピュアオリーブ油が登場する場はないってわけ。

「ビアンコ」と呼ばれる白いパスタは淡白だから、オリーブ油のうまみを借りる

パスタ料理は大別すると、あっさり系の白いパスタ「ビアンコ」とトマトソース系の赤い色をした「ロッソ」、こってりしたクリーム系の3つに分けられる。トマトソースはそれだけでも充分おいしいし、クリーム系に使う生クリームも脂肪分が多いのでうまみが強い。残る1つのビアンコはソースにエキスを出す具のうまさだけが頼りだ。多くは魚介類を基本とするが、具が多すぎるとパスタとのバランスが悪くなるから何か助っ人がほしい。

そこで登場するのがEVオリーブ油だ。ソースやうまみの素としてすごい力を発揮する。まだまだ油は調理用と考えられがちだが、EVオリーブ油は天然のフルーツジュースと思って使ってもらいたい。多くのパスタ・ビアンコの場合、ソースの基本はアーリオ・オーリオなので、ここでまずはオリーブ油のお世話になる。次にソースを乳化させるときにもまた使う。最後にダメ押しのように仕上げにかける。

このように、白いパスタではオリーブ油がなければ料理が成り立たないほどだ。だからこそ、油の品質にはこだわって良いものを選びたい。ただし、いくらおいしいといっても使いすぎにはご注意を。料理を台無しにしてしまうから。

帆立て貝柱のアーリオ・オーリオ・スパゲティ

作り方

❶フライパンでEVオリーブ油とにんにくを弱火で温め、赤唐辛子を加える。

❷スパゲティをゆで始める。

❸帆立て貝柱を①に入れてさっと炒め、白ワインを加える。火加減をやや強めにして白ワインを煮つめ、スパゲティのゆで汁大さじ１〜２を加えて、フライパンをゆすってソースを乳化させる。

❹③に斜め切りしたアスパラガスと一口大に切ったトマトを入れて混ぜ合わせ、塩、こしょうで調味する。

❺④に好みの固さにゆでたスパゲティを入れて手早く混ぜ合わせる。ソースが煮つまってスパゲティになじみにくいようならゆで汁大さじ１を加える。ちぎったイタリアンパセリを加えて混ぜる。

帆立て貝柱は前もって塩をふって下味をつけておくと身が締まってさらにおいしくなる。

スパゲティのゆで汁を加えて混ぜ合わせるのがコツ。汁けが少ないと油っぽく感じる。

材料（１人分）
スパゲティ……………………80g
帆立て貝柱（厚みを半分に切る）…………………２～３個
トマト（湯むきする）……½個
グリーンアスパラガス（下ゆでする）…………………２本
にんにく（つぶす）……１かけ
赤唐辛子（種を除く）……１本
イタリアンパセリ………少々
白ワイン……………大さじ１
EVオリーブ油………大さじ２
塩、こしょう……………各適量

トマトの話

パスタで「ロッソ」といえばトマトソースがベース

イタリア語で、ロッソは赤、ビアンコは白。だから同じあさりのスパゲティでも、ボンゴレ・ビアンコはアーリオ・オーリオのきいた白いパスタで、ボンゴレ・ロッソはトマト味の赤いパスタに変わる。ロッソとビアンコはワインにもついて回るし、イタリア料理には欠かせない単語だから覚えておいてソンはない。

さて、ロッソに不可欠のトマトだが、そもそも日本とイタリアのトマトはキャラクターが違う。日本では、野菜に限らず生で食べておいしいものをよしとする食文化が発達してきたので、トマトも生食でおいしい品種に改良されてきた経緯がある。これに対して、イタリアでは煮込みやソースに使うことが圧倒的に多いので、加熱調理に向くように品種改良されてきた。だから、僕はトマトソースを作るときは、イタリア産のトマト（サン・マルツァーノ種）を使った水煮缶を愛用している。

イタリア料理におけるトマトの存在は日本料理の大豆と同じ

日本では大豆がしょうゆやみそに加工され、味のベースになっているが、イタリアではトマトをソースに加工して味のベースにする。料理好きな家庭では、ピクニックがてら田舎に出かけ、トマトを畑ごとドカンと買って1年分のソースを作るほどだ。収穫したトマトを軒先につるしてドライトマトにしたり、オリーブ油につけこんだり工夫がなされている。トマトなしでは生きていけない国民の暮らしの知恵だ。

さて、このトマトだが、16世紀に南米からヨーロッパに渡ってきたときには青い小さな実でとても食べられた味ではなかったという。それを食材に育て上げたのはナポリだ。石灰質で水はけの良い土壌、熱い太陽……そんな風土のもと、世代交代を繰り返すうちに青い実がやがて黄色になり、さらには赤く改良されていった。

黄色い実になったときに初めて食べられる味となり、このときにトマトの名前、すなわちポモドーロ（黄金のりんごという意味）が生まれたといわれている。その名前どおり、イタリア料理にとって黄金の役割を果たす存在となった。トマトがなければ、パスタ料理も発展しなかっただろうし、イタリア料理の際立った個性も生まれなかったに違いない。

ペンネ・アッラビアータ

作り方

❶フライパンにEVオリーブ油大さじ２とにんにくを入れ、にんにくにしっかり色がつくまで火を通す。

❷赤唐辛子、イタリアンパセリを入れ、トマトの水煮をつぶしながら加え、塩少々で調味して煮つめる。

❸ペンネをゆで始める。

❹②の火を止め、ゆで上がったペンネを加え、EVオリーブ油大さじ１を加えてあえる。

＊通称アッラビアータと呼ぶが、正式には、アッララビアータで、「おこりんぼ」という意味。おこっているように辛いことから命名された。強いトマトソースの味と合わせるにはスパゲティの細さでは頼りない。ペンネがベストだ。

風通しのいい天井からつるされたトマトの束。水けを抜いたトマトを調理に使う。

ナポリの市場で売られているトマト。細長いのは加熱調理用のサン・マルツァーノ種。

材料（1人分）

ペンネ……………………80ｇ
トマトの水煮（缶詰）…180cc
にんにく（つぶす）……3かけ
赤唐辛子（種を除く）……2本
イタリアンパセリ（粗みじん切り）……………………適量
EVオリーブ油………大さじ3
塩…………………………適量

トマトソースの話

トマトソースのトマトはだんぜん「水煮缶」をよし、とする

トマトの話のところでもふれたが、イタリア料理ではトマトは加熱調理することが多いので、僕はもっぱら水煮缶ばかりを使っている。もちろん、現在ではサン・マルツァーノ種を日本国内でも生産しているが、限られた人しか手に入らないし、なにしろ値段も高い。

国内メーカーのトマトの水煮缶でも中身のトマトはイタリア産が多いし、味もこなれている。どこでも手に入るし、値段も安いからおすすめだ。

家庭で作るなら「速攻トマトソース」

ベットラでトマトソースを作るときには、にんにくやバジリコのほかに、三大うまみ野菜である、玉ねぎ、にんじん、セロリのトリオも加えて大量に煮込む。で

も、家庭ではそう毎日イタリアンってわけでもないし、思い立ったときにすぐできるトマトソースが知りたい、という声をけっこう聞く。

そこで、作りおきしないでも食べたいときに即できるソースをご紹介。名づけて「速攻トマトソース」。ものの30分も煮つめればできてしまうので、パスタをゆでるのと同時進行でできあがる。

材料は、水煮缶とにんにくとＥＶオリーブ油と塩だけ。作りやすい分量としては400cc入りの水煮缶を２個使う。約⅔量の500ccまで煮つめると、パスタソースとして３～４人分がとれる計算。

では、いよいよ作り方。といっても、簡単すぎてあっけないほどだけどね。

①ＥＶオリーブ油50ccで、皮を取ってつぶしたにんにく３かけを軽く炒める。

②トマトの水煮缶２個を、トマトをつぶしながら缶汁とともに①に加える。

③⅔量程度になるまで煮つめたら、軽く塩で味を調える。

これだけで、レトルトのトマトソースとは違うソースが味わえる。イタリアのトマトソースというのは、日本でいえばみそ汁に当たる存在。それぞれの家庭の味がありいろいろ好みがある。ここでは基本のシンプルレシピを紹介したが、自分で工夫してほしい。

ベットラ流本格トマトソース

材料（1.5ℓ分）
トマトの水煮（缶詰）……2kg
玉ねぎ……………………1個
にんじん、セロリ……各1本
にんにく（つぶす）……3かけ
ローリエ…………………3枚
バジリコ…………………1枝
EVオリーブ油…………50cc
塩（できれば粗塩）…大さじ1

作り方

❶鍋にEVオリーブ油とにんにくを入れて軽く炒め、大ぶりに切った玉ねぎ、にんじん、セロリも加えて軽く色づくまで炒める。

❷トマトの水煮を汁ごと加え、ローリエ、塩も加えて20分ほど煮込む。

❸風味づけにバジリコの葉を加える。

❹にんじんがやわらかく煮えたら、煮上がりのサイン。

❺④のソースを少しずつ取り分けて野菜こしでこす。家庭ではざるを利用するといい。

1ベットラでは、野菜は切り目を入れてほぼ丸ごと炒めるが、家庭ではざっくりと大ぶりに切ろう。早く煮上がる。

2塩はできれば粗塩を使ってほしい。マイルドな味になる。もし塩けが足りなければ足すなど味見をしながら調節する。

3フレッシュなバジリコの葉は風味づけに欠かせない。あとでこすので、ちぎって入れてかまわない。

4野菜が煮えたかどうかはにんじんで確かめられる。にんじんがやわらかければＯＫ。大きな野菜は取り出しておく。

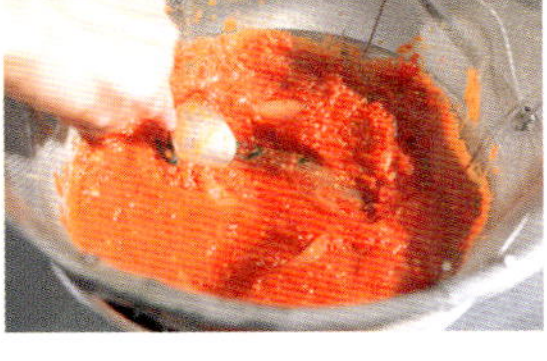

5煮上がったソースを野菜こしでこす。熱いので少しずつ取り分けながら、木べらやスプーンを使ってこしていく。

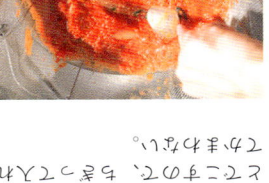

ミートソースの話

贅沢でどっしりした料理の代名詞「ボローニャ風」

パスタのメニューとして、比較的早い時期から日本に定着していたのがミートソースだ。イタリア料理に欠かせないハーブやオリーブ油が手に入りにくい時代でも、日本にある材料だけで作ることができるソースだったからかもしれない。でも、なんといっても、おいしいから！　が人気のあるいちばんの理由だ。

このミートソース、実はイタリア全土で作られているわけではなく、地方色豊かな郷土料理なのだ。サルサ・アッラ・ボロネーゼと呼ばれるボローニャ風ソースで、日本ではお手軽なパスタソースのように思われているが、本場ではけっこう贅《ぜい》沢《たく》なソースとして名高い。

州都ボローニャがあるエミリオ・ロマーニャ州は、フィレンツェのあるトスカーナ州の北に位置し、イタリアでは北部地域になる。土地が肥え、作物も豊かに実り、畜産も盛んなところだ。そのうえ、昔は王国の首都だったこともあって、調理技術も発達して料理も凝ったものが多い。目いっぱい食材を駆使して、コクのあるどっしりとした料理に仕立て上げるのだ。だから、今でもイタリア人共通の感想は「ボローニャ料理はうまい」なのだ。でも、そのあとに一言必ずつく。「だけど、重いんだよね」最近は日本でも古典的なこってりした料理はあまり好まれない傾向にある。そこで、うまみはしっかりあってくどくないソースを伝授しよう。

ベットラ流ミートソースの極意

ひき肉は牛肉のみを使用する。材料としては、10人分で牛ひき肉1kgを使う。まず、たっぷりのEVオリーブ油200ccでにんにく(つぶす)2かけを炒め、玉ねぎ½個、にんじん½本、セロリ½本のみじん切りを加えてこんがり炒める。ここに、ひき肉とローリエ2〜3枚を加えてざっと炒め、赤ワイン200ccを入れて強火で水分がほとんどなくなるまで煮つめる。ひき肉に野菜とワインのうまみを吸わせるのが極意だ。そのあと、トマトの水煮2kgを加えて弱火で40分ほど煮込み、塩、こしょうで味を調えたらでき上がり。カレーと同じで一晩ねかすとうまみが増す。

［ミートソースの作り方］

1 たっぷりのEVオリーブ油でにんにくと野菜のみじん切りをこんがり炒めていく。

2 ①の鍋にひき肉を入れたら大きくざっと混ぜ合わせる。ここで肉にしっかり火を通す必要はない。

3 ローリエを2～3枚加える。肉のくせを消してくれる基本的なハーブだ。ここでもざっと混ぜ合わせておく。

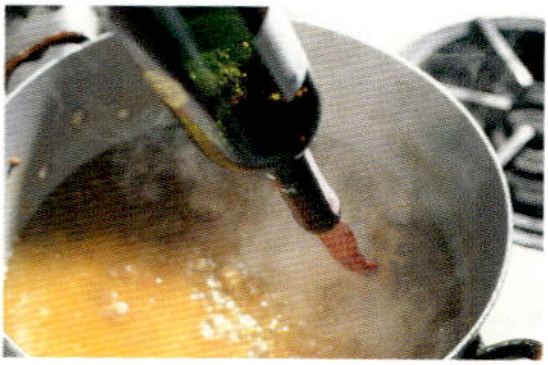

4 たっぷりの赤ワインを加える。できれば料理用として売られているものではなく、安くても飲んでおいしいものを。

5 ④の水分がなくなるまで強火で煮つめたら、トマトの水煮を加える。ここからは弱火に変え、じっくり煮る。

6 ふたをせずに40分ほど煮込んで⅔量程度になったら塩、こしょうで味を調える。これで完成！

美味パスタへの道

第2章 ラ・ベットラの定番人気パスタをマスターする

スパゲティ・カルボナーラ

作り方

❶ボウルに卵を溶いて、パルメザンチーズと黒こしょうを混ぜ合わせておく。

❷スパゲティをゆで始める。

❸フライパンで薄切りにしたパンチェッタをよく炒め、白ワインを加えてアルコール分をとばし、かたわらでゆでているスパゲティのゆで汁少々を加える。

❹③のフライパンの火を止めてガス台からはずし、ゆでたてスパゲティ、①の順に加え、全体を大きく混ぜ合わせて、余熱で手早くクリーミーに仕上げる。

＊パンチェッタがなければ、ベーコンや生ハムを使ってもおいしい。

＊名前の由来には諸説あるが、僕はカーボン（炭）の粉のようにも見える粗びき黒こしょうをいっぱい入れるから、と聞いている。

＊とろりとしたソースが命なので、余熱で火が入りすぎて卵がポロポロになったらおしまい。火を止めたらパスタ、卵液の順に加えることが大事。

材料（１人分）

スパゲティ……………………80ｇ
卵……………………………２個
パンチェッタ（塩漬けの豚ばら肉）……………………50ｇ
パルメザンチーズのすりおろし……………………30ｇ
白ワイン…………………50cc
粗びき黒こしょう………適量
塩……………………………適量

スパゲティ・プッタネスカ

作り方

❶スパゲティをゆで始める。

❷フライパンでEVオリーブ油とにんにく、赤唐辛子を温め、アンチョビ、黒オリーブ、ケーパーを入れ、イタリアンパセリを刻んで、加える。

❸トマトソースを加え、弱火で２～３分煮つめ、塩で味を調える。

❹ゆでたてスパゲティをあえ、イタリアンパセリを刻んで飾る。

＊ナポリ名物のスパゲティ。アンチョビを使ったパスタの傑作だ。プッタネスカ（娼婦風）という名前の由来は、娼婦が待ち時間に作ったところから。あっという間にでき上がるのはだれにとっても嬉しい。

材料（1人分）

スパゲティ……………………80g
アンチョビ……………………1枚
黒オリーブ（種を除く）
……………………6～7個
ケーパー（刻む）…………10粒
トマトソース……100～120cc
＊P42～45参照
にんにく（つぶす）……1かけ
赤唐辛子（種を除く）……1本
EVオリーブ油………大さじ2
塩、イタリアンパセリ
……………………………各適量

新鮮なうにのスパゲティ

作り方

❶スパゲティをゆで始める。

❷フライパンでEVオリーブ油とにんにくを弱火で温め、白ワインを加えて火を強め、アルコール分をとばす。

❸ペースト状につぶしたトマトの水煮を加え、中火で軽く煮つめる。

❹生クリームを加え、フライパンをゆすりながら⅔量くらいになるまで煮つめ、塩、こしょうで味を調える。

❺うにを加えたら、ほぐす程度にして無塩バターひとかけらとゆでたてスパゲティをあえる。

＊スパゲティのゆで上がりとソース作りのタイミングがうまく合わせられないなら、④まで準備してからスパゲティをゆで始め、ゆで上がり寸前にソースを温め、うにを加える。

材料（1人分）

スパゲティ……………………80g
生うに…………………………50g
トマトの水煮（缶詰）
……………………大さじ1
にんにく（粗みじん切り）
……………………小½かけ
生クリーム………………100cc
白ワイン……………………50cc
EVオリーブ油………大さじ1
無塩バター、塩、こしょう
………………………各適量

アマトリチャーナ風ブカティーニ

作り方

❶パンチェッタを約５㎜厚さの一口大に切る。

❷フライパンにEVオリーブ油を入れて熱し、玉ねぎを加えて焦げ目がつく程度に炒める。

❸パンチェッタを加えてさらに炒め、赤唐辛子、白ワインを加え、アルコール分をとばす。

❹トマトの水煮をつぶしながら加えて少し煮つめ、ややとろみがついたら塩で味を調える。

❺ブカティーニをゆでる。

❻④にゆでたてのブカティーニを加え、すりおろしたペコリーノチーズを加えて混ぜ合わせる。

＊ローマ近郊のアマトリーチェという町で誕生した名物パスタ。豚肉の産地として有名だから、必ず豚の塩漬け肉を入れる。ベーコンでもいい。

＊ペコリーノは羊のチーズ。香りが好みに合わないようならば、パルメザンチーズのすりおろしでもかまわない。ブカティーニはスパゲティよりも太く、中心に穴があいている。このソースはペンネにもよく合う。

材料（1人分）
ブカティーニ……………100g
パンチェッタ（塩漬けの豚ばら肉）かベーコン……80g
玉ねぎの薄切り ……½個分
赤唐辛子（半分に切って種を除く）………………2本
トマトの水煮（缶詰）……150cc
ペコリーノチーズ ……20g
白ワイン ……………………60cc
EVオリーブ油……大さじ2
塩……………………………適量

海の幸のリングイネ

作り方

❶あさり、ムール貝は砂抜きし、よく水洗いする。

❷スカンピは殻つきのまま二つ割りにする。いかは皮をむいて輪切り、帆立て貝柱は厚みを半分に切り、たこは一口大に切る。

❸フライパンにEVオリーブ油30ccとにんにくを入れて、にんにくが色づくまで加熱し、スカンピを殻を下にして入れ、焼き色がついたら裏返し、赤唐辛子、イタリアンパセリを加える。

❹あさり、ムール貝、白ワインを加えて煮立てる。トマトの水煮をつぶしながら加え、貝の口が開いたらいか、帆立て貝柱、たこ、小えびを加え、火が通ったら塩加減をみて、足りないようなら塩少々を足す。

❺リングイネをゆでる。

❻④のフライパンにゆでたてのリングイネを加え、EVオリーブ油20ccを加えて混ぜ合わせる。

白ワイン…………………60cc
EVオリーブ油……………50cc
塩…………………………適量

材料（１人分）

リングイネ……………100g
スカンピ（手長えび）……１尾
あさり（殻つき）………100g
ムール貝……………………３個
いかの胴…………………30g
帆立て貝柱………………２個
たこ…………………………30g
小えび（殻をむく）…５～６尾
にんにく（つぶす）……２かけ
赤唐辛子（種を除く）……１本
イタリアンパセリ（粗く刻む）
……………………………適量
トマトの水煮（缶詰）….250cc

スモークサーモンと生クリームのスパゲティ

作り方

❶スパゲティをゆで始める。
❷スモークサーモンを５㎜角に切る。
❸フライパンでサラダ油と無塩バターひとかけらを温め、スモークサーモンを入れ、周囲が白くなる程度に弱めの火加減で香りを立たせるように加熱する。
❹生クリームを加え、フライパンを静かにゆすりながら弱火で⅔量くらいになるまで煮つめ、塩で味を調える。次に加えるパルメザンチーズが水分を吸うので、とろとろと流れるくらいがベスト。煮つまりすぎたら、水でのばす。
❺ゆでたてスパゲティを加えて手早くあえ、仕上げにパルメザンチーズと無塩バター小さじ１をからめる。

＊スモークサーモンは、ペラペラのものでなく少し厚みがあるタイプを選びたい。薄いものしか手に入らなければ、やや大きめに切る。
＊魚介のパスタにはチーズを使わないのが原則だけど、この場合は生クリームが入っているのでOK。

材料（１人分）
スパゲティ ………………80ｇ
スモークサーモン ………40ｇ
生クリーム………………150cc
パルメザンチーズ…大さじ１
サラダ油 ……………小さじ１
塩、無塩バター…………各適量

ポルチーニきのこソースのタリオリーニ

作り方

❶フライパンでEVオリーブ油とにんにく、赤唐辛子を温め、適当な大きさに切ったポルチーニきのこを水分が出るようにじっくりと中火程度で炒め、細かく刻んだイタリアンパセリを加え、塩で味を調える。
❷タリオリーニをゆでる。
❸熱々の①のきのこソースにゆでたてのタリオリーニを加えてあえ、仕上げにパルメザンチーズを合わせる。

＊イタリア名物のきのこ、ポルチーニを使ったけれど、きのこは香りのいいものなら何でもいい。１種類でなく、何種類か取り合わせてももちろんOK。きのこの水分が出るように炒めて、きのこのエキスたっぷりの汁をソースのうまさの素にする。

材料（1人分）
タリオリーニ……………80g
ポルチーニきのこ……大1本
にんにく（つぶす）……1かけ
赤唐辛子（種を除く）……1本
パルメザンチーズ…大さじ1
EVオリーブ油………大さじ1
塩、イタリアンパセリ
…………………………各適量

スパゲティ・カプレーゼ

作り方

❶スパゲティをゆで始める。

❷フライパンでトマトソースを温める。

❸熱いソースにゆでたてスパゲティ、細かくちぎったモッツァレラチーズを加え、手早くあえる。チーズを溶かす感じでちょっと火を入れ、仕上げにパルメザンチーズをざっと混ぜる。

❹バジリコの葉を添え、葉をちぎってパスタにからめながら食べる。バジリコはあらかじめ刻んでおいたものをあえてもいい。

＊トマト、バジリコ、モッツァレラチーズの３つが主役になるとカプリ風、つまりカプレーゼ。前菜としておなじみの素材だが、こんなに素敵なパスタになった。チーズが糸を引いてからみつき、絶品！

材料（1人分）
スパゲティ ……………………80g
バジリコの葉 ……… 5～6枚
モッツァレラチーズ ……50g
パルメザンチーズ…大さじ1
トマトソース …………100cc
＊P42～45参照
塩 ……………………………適量

小柱のスパゲティ

作り方

❶スパゲティをゆで始める。

❷トマトは皮をむいて、種を取り、1.5cmくらいの角切りにする。ほうれんそうはゆでて粗く刻む。

❸フライパンでEVオリーブ油とにんにくを温める。

❹トマト、ほうれんそうの順に加えながら温めていき、小柱を加える。小柱が白っぽくなった時点で火を止め、ゆでたてスパゲティをあえ、塩、こしょうで味を調える。小柱の中は火を止めた時点では生でも、余熱で火が通る。そこを計算して火加減することが大切。

＊ベットラでは季節により、青みはゆでたそら豆や枝豆、さやいんげんなどに替えている。

＊小柱は、ばか貝（青やぎ）の貝柱。一年中とれるが、おいしいのはやっぱり冬の終わりから桜の季節にかけて。

材料（1人分）
スパゲティ……………………80g
小柱……………………………80g
トマト…………………………1/4個
ほうれんそう…………………1/4わ
にんにく（つぶす）……1かけ
EVオリーブ油………………50cc
塩、こしょう……………各適量

ゴルゴンゾーラチーズのペンネ

作り方

❶ペンネをゆで始める。

❷フライパンに牛乳を入れ、ゴルゴンゾーラチーズを適当にちぎって加える。弱火でフライパンを静かにゆすりながら、チーズを溶かす。牛乳は沸騰しやすいが、ブワーッと沸騰させてはダメ。表面がフツフツと沸いている程度の火加減がベスト。

❸とろりとチーズが溶けたら、ゆでたてのペンネを加え、パルメザンチーズと無塩バターを加え、フライパンを大きく静かにゆすって、全体をあえる。

❹味見をして、塩けが足りないようなら塩少々で調味する。

＊イタリアの青かびチーズ、ゴルゴンゾーラを使ったパスタ。ゴルゴンゾーラの周囲の茶色い部分は熟成した香りの宝庫だから捨てないで使うこと。

＊強い味のソースなので、ペンネのように肉厚でかみごたえのあるパスタが向いている。

材料（１人分）
ペンネ……………………80ｇ
ゴルゴンゾーラチーズ…30ｇ
パルメザンチーズ…大さじ１
牛乳……………………120cc
無塩バター…………小さじ１
塩…………………………適量

なすとトマトのスパゲティ

作り方

❶フライパンでEVオリーブ油大さじ２とにんにくを温めて香りを出し、赤唐辛子を加えてさらに温める。

❷玉ねぎを加えてしんなりするまで炒め、一口大に切ったなす、刻んだケーパーを加え、なすがきつね色になるまで炒める。

❸トマトの水煮を加え、⅔量くらいになるまで煮つめ、塩で味を調える。

❹スパゲティをゆでる。

❺ゆでたてスパゲティを③であえ、EVオリーブ油小さじ２、パルメザンチーズを加えてざっと混ぜ、粗く刻んだイタリアンパセリを散らす。

＊夏になるとイタリアの市場にも山のようになすが登場する。そんななすを使ったイタリア人の大好きな定番の味。

材料（1人分）
スパゲティ……………………80g
玉ねぎの薄切り………1/8個分
なす……………………………1本
ケーパー……………5〜6粒
トマトの水煮（缶詰）…200cc
にんにく（つぶす）……1/2かけ
赤唐辛子（種を除く）……1/2本
パルメザンチーズ…大さじ1
EVオリーブ油……大さじ2 2/3
塩、イタリアンパセリ
……………………………各適量

カリフラワーのスパゲティ

作り方

❶カリフラワーを小房に分け、塩少々を加えた熱湯でゆで、ゆで汁もとっておく。

❷フライパンで玉ねぎをEVオリーブ油でよく炒め、アンチョビ、トマトソースを加え、さっと炒める。

❸②に①のカリフラワーを加え、マッシャーでつぶし、強力粉を加え、炒め合わせる。

❹①のゆで汁300ccを加え、フライパンをゆすりながら、とろんとした感じにのばし、10分くらい弱火で煮て、塩で味を調える。

❺パン粉をきつね色にからいりする。

❻スパゲティをゆで始める。

❼④のソースを温め、ゆでたてスパゲティとあえ、⑤のパン粉を散らす。

＊カリフラワーをソースにしたちょっと珍しいスパゲティ。カリフラワーのプチプチした食感とパン粉のシャリシャリ感があいまって、これまで味わったことのない世界だと好評。アンチョビの塩けがアクセントになって味を引き締めている。

材料（１人分）
スパゲティ……………………80ｇ
カリフラワー……………$\frac{1}{2}$個
玉ねぎまたは長ねぎのみじん
　切り………………大さじ１
アンチョビ………………$\frac{1}{2}$枚
トマトソース………大さじ１
　＊P42～45参照
強力粉………………小さじ$\frac{1}{2}$
パン粉………………大さじ１
EVオリーブ油………大さじ１
塩…………………………適量

リングイネ・ジェノベーゼ

作り方

❶まず、ソースになるジェノベーゼペーストを作る。リングイネ以外の材料をすべてフードプロセッサーにかけ、ペースト状にする。フードプロセッサーがない場合は、包丁で細かく刻んでから、すり鉢でよくすりつぶす。

❷リングイネをゆで始める。

❸フライパンに①のペーストを入れ、焦がさないように弱火で温める。

❹ゆで上がった熱々のリングイネの水けをきって加え、ペーストとあえる。

＊ジェノバの名産、バジリコを使ったイタリア人の大好きなパスタ料理の一つ。香り高いバジリコと松の実やチーズのコクが渾然一体となった濃厚な味が特徴。

＊このジェノバ風ペーストは、材料表の5倍くらいの量を一度に作ったほうが作りやすい。冷蔵庫で1週間ほど保存できるので、白身魚のソテーのソースに使ったり、トーストに塗って食べてもおいしい。

材料（1人分）

リングイネ……………………80g
バジリコの葉…………………20g
松の実…………………………25g
にんにく……………………小1/2かけ
パルメザンチーズ……………10g
イタリアンパセリ……………10g
EVオリーブ油…………………30cc
塩………………………………適量

生ハムとグリンピースのクリームタリオリーニ

作り方

❶タリオリーニをゆで始める。

❷フライパンにサラダ油と無塩バター小さじ１を熱し、適当な大きさに切った生ハムを香りが立つようにゆっくり炒める。

❸生クリームを加え、⅔量くらいになるまで弱火で静かに煮つめ、グリンピースを加え、塩で味を調える。グリンピースは、フレッシュな生のものをゆでるか、冷凍品をもどして使う。

❹ゆでたてのタリオリーニを加えてざっとあえ、パルメザンチーズ、無塩バター少々を順に加えながら、手早くあえる。

材料（１人分）
タリオリーニ……………80ｇ
生ハム……………………10ｇ
グリンピース…大さじ３～４
生クリーム……………150cc
パルメザンチーズ…大さじ２
無塩バター………………適量
サラダ油……………小さじ１
塩……………………………適量

ラザニア

作り方

❶ホワイトソースを作る。鍋に無塩バターを入れて焦がさないように弱火で溶かし、強力粉を加え、木べらで混ぜながら焦がさないように炒め、粉っぽさを除く。

❷鍋を火からはずし、牛乳を半分ほど加え、だまにならないように泡立て器でのばし、弱火にかけて手早く混ぜ合わせる。

❸再び火からはずし、残りの牛乳を加え、だまにならないように混ぜ合わせて火にかけ、弱火で10分ほど煮て、軽く塩、こしょうをして味を調える。

❹ラザニアをゆで、いったん冷水にとり、キッチンペーパーなどで水けを取り除く。

❺グラタン皿に無塩バターを塗り、ラザニアを敷き、ホワイトソース、ミートソース、ちぎったモッツァレラチーズ、パルメザンチーズの順にかけ、再びラザニアをのせ、同じ手順でソースとチーズを重ねていく。最後は、パルメザンチーズを除くソースとチーズをのせ、30分ほどおく。

❻焼く前に、たっぷりのパルメザンチーズを散らし、小指大にちぎった無塩バターを数ヵ所にのせる。

❼200℃に温めておいたオーブンで30分ほど、こんがりと焼き色がつくまで焼く。

材料（4人分）

ラザニア……………………6枚
ホワイトソース…………350cc
- 無塩バター………………40g
- 強力粉……………………40g
- 牛乳（冷たいもの）……400cc

ミートソース……………400cc
＊P46〜48のボローニャ風がベストだが、P80の簡易版でもOK。または市販品を

モッツァレラチーズ……250g
パルメザンチーズ………150g
塩、こしょう、無塩バター
……………………………各適量

簡単ミートソース

作り方

❶鍋にサラダ油を熱し、玉ねぎをよく炒める。
❷合いびき肉を加え、あまりかき混ぜないで火を通す。肉の色が変わったら赤ワインを加え、強火でアルコール分をとばし、赤ワインがほぼなくなるまで煮つめる。
❸トマトソースを加え、沸騰したら弱めの中火にし、水分が蒸発してとろりとするまで、30分ほど煮込む。

＊ひき肉は、炒めるときにポロポロにくずさないほうが肉のうまみがしっかり味わえるソースになる。
＊P78、79のラザニアにももちろん使えるが、スパゲティをあえればスパゲティ・ミートソースのでき上がり。日本ではソースをパスタの上にのせることが多いが、混ぜ合わせたほうが断然おいしい。

材料（でき上がり400cc）
合いびき肉……………400ｇ
玉ねぎのみじん切り…½個分
トマトソース…………400cc
　＊P42～45参照
赤ワイン………………50cc
サラダ油………………50cc

美味パスタへの道

第3章 ソースいらずの魚介パスタ

をマスターする

えびとルッコラのスパゲティ

作り方

❶トマトの皮を湯むきして、種を取り、２cmの角切りにする。

❷スパゲティをゆで始める。

❸フライパンでEVオリーブ油とにんにく、赤唐辛子を温める。

❹えびを入れ、塩少々をして炒める。全体に油が回ったら白ワインを加え、すぐに火を強めてアルコール分をとばし、トマトを加える。トマトが温まったら、ゆでたてスパゲティ、ルッコラを加え、ざっとあえる。

＊えびの持ち味をそこねないように仕上げるのがポイント。えびに八分どおり火が入った時点で熱々スパゲティとあえれば余熱でえびに火が通る。

＊ルッコラはえごまの葉に似た独特の風味を持つハーブ。もし手に入らなければ、バジリコや青じそを使ってもおいしい。

材料（１人分）

スパゲティ……………………80g
むきえび（背わたを除く）
……………………………20尾
トマト…………………………1/2個
ルッコラ…………ひとつかみ
にんにく（つぶす）…小１かけ
赤唐辛子（種を除く）……1/2本
白ワイン……………大さじ１
EVオリーブ油………大さじ２
塩……………………………適量

車えびのリングイネ

作り方

❶えびの背に縦の切り目を入れ、背わたを取って塩少々をふる。

❷フライパンでEVオリーブ油とにんにくを温め、赤唐辛子を加える。イタリアンパセリ少々を入れ、えびを殻を下にして入れる。入れたらかき混ぜない。そのまま殻がやや赤くなるまで焼き、白ワインを注ぎ、フライパンをゆすりながら手早く水分を蒸発させる。

❸あらかじめ手でつぶし、固い芯などを取り除いておいたトマトの水煮を②に加える。火を強めにしてフライパンをゆすりながら、えびとなじませる。塩、こしょう各少々を加えて味を調える。

❹えびをいったんフライパンから取り出す。

❺リングイネをゆで始める。

❻③に水100ccを加えてのばす。弱火でフライパンをゆすりながら、とろんとした状態になるまで煮つめ、生クリームを加える。

❼えび、好みのアルデンテにゆでたリングイネ、無塩バターを加える。すぐにフライパンを数回あおり、ソースとリングイネをあえる。ソースが固くてあえにくいようなら水大さじ1程度を加える。

❽ざっと混ぜ合わせて器に盛り、残りのイタリアンパセリを散らす。

材料（1人分）

リングイネ……………………80g
車えび（殻つき）……5～6尾
トマトの水煮（缶詰）…180cc
にんにく（つぶす）……1かけ
赤唐辛子（種を除く）……1本
イタリアンパセリ（粗みじん切り）……………………3本
白ワイン……………大さじ2
生クリーム…………大さじ1
無塩バター…………小さじ½
EVオリーブ油………大さじ2
塩、こしょう…………各適量

ほっき貝と黄にらのスパゲティ

作り方

❶スパゲティをゆで始める。

❷ほっき貝の身を横に切り開いて内臓を除く。網にのせてさっと直火で焼き、一口大に切る。

❸フライパンでEVオリーブ油大さじ２とにんにくを温め、赤唐辛子を加える。スパゲティのゆで汁少々を入れて乳化させ、ゆでたてスパゲティを加える。

❹黄にら、生赤唐辛子２本のせん切り、②のほっき貝を加えてあえ、仕上げにEVオリーブ油小さじ１程度をかける。器に盛りつけ、小口切りにした万能ねぎを散らす。

＊アーリオ・オーリオの手法をベースにした一品。冬においしいほっき貝は、すしネタとしてむき身で売っていることもあるのでそれを利用したい。貝類はさっと焼くと甘みが増しておいしくなるので、スパゲティとあえる前に直火で軽く焼いておく。

材料（１人分）
スパゲティ……………………80ｇ
ほっき貝（むき身）………３個
黄にら（３cm長さに切る）
……………………………５本
にんにく（つぶす）……１かけ
赤唐辛子（種を除く）……１本
生赤唐辛子…………………適宜
万能ねぎ、EVオリーブ油、
塩…………………………各適量

ムール貝の
トマトソーススパゲティ

作り方

❶ムール貝は洗って足糸《そくし》を取り除いておく。

❷フライパンでEVオリーブ油大さじ２とにんにくを温め、赤唐辛子を加える。ムール貝、白ワインを入れてふたをして強火で蒸し、口が開いたらすぐにムール貝を取り出す。

❸スパゲティをゆで始める。

❹②のフライパンに残った汁を中火で煮つめ、トマトの水煮を加えて５分ほど煮込み、塩で味を調える。

❺ゆでたてスパゲティ、②のムール貝を加えてあえ、仕上げにEVオリーブ油少々を合わせ、イタリアンパセリを刻んで上に散らす。

＊わざわざトマトソースを作らなくても速攻でフライパンの中で仕上げられる嬉しい一品。アーリオ・オーリオをベースに貝のだしのうまみが加わる。ムール貝は口が開いたらすぐに取り出しておくと固くならない。

材料（１人分）

スパゲティ……………………80ｇ
ムール貝………………………10個
トマトの水煮（缶詰）…180cc
にんにく（つぶす）……１かけ
赤唐辛子（種を除く）……１本
白ワイン………………………少々
EVオリーブ油、塩、イタリアンパセリ……………各適量

あさりとそら豆、三つ葉のスパゲティ

作り方

❶フライパンでにんにくと赤唐辛子をEVオリーブ油で温め、あさりと白ワインを入れ、ふたをしてあさりの口が開くまで待つ。
❷あさりの口が開いたら、いったん取り出しておく。
❸スパゲティをゆで始める。
❹②のフライパンに残った汁を中火で煮つめ、スパゲティのゆで汁少々を加えて乳化させ、塩けが足りないようなら塩少々で味を調える。
❺ゆでたてスパゲティ、下ゆでしたそら豆、②のあさりを加えてあえ、仕上げに三つ葉を加える。

＊あさりは一年中売られている貝だが、桜の季節がいちばんおいしい。旬が一緒のそら豆と糸三つ葉も取り揃えて春満喫のパスタができ上がった。糸三つ葉の香りがきつくて苦手な人は、根三つ葉に替えてトライしてみては？　香りがやわらかくてどっさり食べられる。

材料（1人分）

スパゲティ……………………80g
あさり（砂抜きする）
……………………15〜20個
そら豆……………………3〜4粒
糸三つ葉（ざく切り）
……………………3〜4本
にんにく（つぶす）……1かけ
赤唐辛子（種を除く）……1本
白ワイン……………大さじ1
EVオリーブ油………大さじ2
塩……………………………適量

ほたるいかの
アーリオ・オーリオ・スパゲティ

作り方

❶ほたるいかは、胴の中の軟甲を取り除き、ピンセットで目玉とくちばしを取り除く。わたとすみ袋はそのままにしておく。

❷スパゲティをゆで始める。

❸フライパンでEVオリーブ油大さじ２とにんにくを温め、赤唐辛子を加える。ほたるいかを入れて炒め、白ワインを加えて煮つめる。煮つまりすぎたらスパゲティのゆで汁少々で調整する。塩で味を調える。

❹ゆでたてスパゲティを加えてあえ、EVオリーブ油少々をかけ、イタリアンパセリを散らして仕上げる。

＊春先に出回る生のほたるいかを待ちかねて作る僕の大好きなパスタ。下ごしらえがちょっと面倒なのが玉にキズだが、炒めるとわたやすみがソースに溶け込んで、これがうまさの素になる。

材料（1人分）

スパゲティ……………………80g
ほたるいか……………………20個
にんにく（つぶす）……1かけ
赤唐辛子（種を除く）……1本
イタリアンパセリ（粗く刻む）
……………………………適量
白ワイン……………大さじ2
EVオリーブ油……………適量
塩……………………………適量

からすみと水菜のスパゲティ

作り方

❶スパゲティをゆで始める。

❷フライパンでにんにくと赤唐辛子をEVオリーブ油で温め、スパゲティのゆで汁大さじ１を加えて乳化させる。

❸火を止めて、ゆでたてスパゲティとからすみ小さじ１を加えてあえ、ざく切りにした水菜を加える。

❹器に盛り、あれば、生赤唐辛子少々を散らし、残りのからすみをのせる。

＊からすみは、ぼらの卵巣を塩漬けにしてから乾燥させたもの。この高価なからすみを使った贅沢スパゲティ。イタリアではボッタルガと呼ばれ、南部のサルディーニャ島が有名な産地。イタリアではぼらだけでなく、まぐろ、かじき、マルーカなどの魚の卵巣でも作られている。でも、一番人気はやっぱりぼらのからすみ。

＊からすみは火を通さずにただあえるだけ、を守りたい。水菜もあえるだけでスパゲティの熱でしんなりする。

材料（1人分）

スパゲティ ………………80g

からすみのすりおろし

…………………小さじ1強

水菜…………………………30g

にんにく（つぶす）……½かけ

赤唐辛子（種を除く）…… 1本

EVオリーブ油………大さじ2

塩……………………………適量

生赤唐辛子のせん切り …適宜

するめいかとからすみの冷製パスタ

作り方

❶いかは皮をむき、胴だけを使う。繊維に逆らって２㎜幅に切る。熱湯でゆすぐという感じでさっとゆでる。

❷スパゲティをゆで始める。

❸ソースを作る。フライパンでEVオリーブ油とにんにく、赤唐辛子を温め、常温で冷ます。

❹スパゲティを表示のゆで時間より１分長くやわらかめにゆでたら、流水で手早く冷やし、よく水けをきる。

❺③のソースに④のスパゲティを加え、いかと、からすみ大さじ１を加えてあえる。

❻器に盛り、残りのからすみをのせ、あれば、３㎝長さに切った芽ねぎや花丸きゅうりをのせる。

＊イタリアでは原則的に冷たいパスタを食べる習慣はないから、冷製パスタは日本のオリジナルだ。だが、最近では日本で食べ覚えたイタリア人シェフがお国へ逆輸入するケースも増えている。

材料（１人分）
スパゲティ………………50ｇ
するめいか（刺身用）‥小１杯
からすみのすりおろし
……………………大さじ２
にんにく（つぶす）……１かけ
赤唐辛子（種を除く）……１本
EVオリーブ油……大さじ２
塩…………………………適量
芽ねぎ、花丸きゅうり
……………………各適宜

さばなすラグーのパスタ

作り方

❶さばは小骨を取り除き、7㎜角に切って軽く塩、こしょうをする。

❷鍋で玉ねぎをEVオリーブ油少々で炒め、ローズマリー、さばを加えて炒める。

❸さばに火が通って色が白く変わったら、白ワインを加えて水分をとばしながら強火で炒める。

❹トマトの水煮を手でくずしながら加え、弱火で煮つめる。

❺別の鍋で、一口大に切ったなすをEVオリーブ油で炒め、④に加え、⅔量くらいになるまで煮つめたら塩で味を調える。

❻スパゲティをゆで、ゆでたてを水けをきって⑤のソースであえ、EVオリーブ油少々をかけて仕上げる。あれば、刻んだイタリアンパセリを散らす。

＊魚はさばに限らず、あじ、ぶり、まぐろの赤身などでもおいしくできる。

材料（1人分）
スパゲティ……………80g
ラグー
さばの切り身……………100g
玉ねぎのみじん切り……………1/8個分
なす……………1/2個
トマトの水煮(缶詰)……………125cc
ローズマリー……………1/2枝
白ワイン……………25cc
EVオリーブ油、塩、こしょう……………各適量
イタリアンパセリ……………適宜

かじきとズッキーニのラグーパスタ

作り方

❶かじきはフードプロセッサーにかけるか、包丁で粗く刻み、軽く塩、こしょうをする。

❷鍋で玉ねぎをEVオリーブ油大さじ２でよく炒め、①のかじきを加え、ほぐさないで火を入れる。かじきの色が白く変わったら白ワインを加え、水分を蒸発させるように強火で焦がさないように炒める。

❸トマトの水煮を加え、タイム、ローズマリーを入れて弱火で煮つめる。

❹別の鍋で、１cm角に切ったズッキーニをEVオリーブ油小さじ１で炒めて塩、こしょうで味を調えてから③に加え、⅔量くらいになるまで煮つめる。

❺リングイネをゆで、ゆで上がったら水けをきって④であえ、EVオリーブ油少々で仕上げる。

＊ラグーというのは本来ミートソースのことだが、イタリア人式思考回路では魚介の身もミート。というわけで魚介をミンチにして作るソース全般をこう呼ぶ。

材料（1人分）

リングイネ……………………80g

ラグー

- かじきの切り身………75g
- 玉ねぎのみじん切り……………………1/8個分
- ズッキーニ……………1/4本
- トマトの水煮(缶詰)……………………125cc
- タイム、ローズマリー……………………各1/4枝
- 白ワイン………………25cc

EVオリーブ油、塩、こしょう……………………各適量

いわしとういきょうのパスタ

作り方

❶ういきょうの葉はゆで、ざくざくと切る。

❷カリフラワーは煮くずれるまで塩ゆでする。ゆで汁もとっておく。

❸鍋にEVオリーブ油大さじ2を入れ、長ねぎをしんなりするまでよく炒め、アンチョビ、トマトペースト、いわし1尾分、松の実、レーズンを加え、レーズンがふっくらするまで炒める。

❹③にういきょう、カリフラワーを加える。

❺④の鍋にカリフラワーのゆで汁をひたひたになるまで加え、40〜50分煮込む。

❻残りのいわしを適当な大きさに切って加え、塩、こしょうで味を調える。

❼スパゲティをゆで、⑥のソースに加えてあえ、1分ほど煮て、仕上げにEVオリーブ油少々をかける。

＊ういきょうは英語でフェンネル、イタリア語でフィノッキオと呼ばれ、甘い香りのする野菜。シチリア島の名産で、このパスタもシチリア名物の一つ。

材料（1人分）
スパゲティ……………………80g
真いわし（三枚におろして塩、
　こしょうをする）……… 2尾
ういきょうの葉………1/5株分
カリフラワー…………小1/4個
長ねぎのざく切り……1/4本分
松の実、レーズン
　……………………各大さじ1
アンチョビ（手でちぎる）
　……………………………1/2枚
トマトペースト……小さじ1/4
EVオリーブ油、塩、こしょう
　………………………各適量

えびクリームソースのリングイネ

作り方

❶フライパンでマッシュルームを無塩バター少々とサラダ油小さじ１で炒め、えびを加え、軽く塩をする。えびの色が変わったらブランデーを加え、アルコール分をとばし、えびを取り出す。

❷フライパンをゆすって少し煮つめ、生クリームを加え、⅔量くらいになるまで静かに煮つめる。

❸リングイネをゆで始める。

❹②にトマトソース、ウスターソースを加え、フライパンをゆすって全体をなじませ、えびをもどす。

❺ゆでたてのリングイネ、パルメザンチーズ小さじ１、無塩バター少々を順に加え、ざっとあえる。

＊クリームソースの基本は、弱火で生クリームを煮つめること。表面がフツフツとするくらいの火加減がベスト。もし煮つまりすぎたら、水分が蒸発したということだから、水を足せばいい。間違っても生クリームを足さないこと。

材料（1人分）
リングイネ………………80g
むきえび（背わたを除く）
　……………………15〜20尾
マッシュルームの薄切り
　…………………4〜5個分
ブランデー…………大さじ1

生クリーム………………150cc
トマトソース………大さじ1
　＊P42〜45参照
ウスターソース……2〜3滴
塩、サラダ油、パルメザンチーズ、無塩バター………各適量

カレー風味の えびクリーム・リガトーニ

作り方

❶フライパンでEVオリーブ油大さじ２とにんにくを温め、マッシュルームを入れて炒め、えびを加え、軽く塩をして白ワインを加え、アルコール分をとばす。
❷えびをフライパンから取り出す。
❸生クリーム、カレー粉を加え、フライパンをゆすり、全体を混ぜ合わせながら、⅔量くらいになるまで煮つめる。
❹リガトーニをゆで始める。
❺③にえびをもどし、えびが温まったら、ゆでたてのリガトーニを加え、パルメザンチーズ小さじ１と無塩バター少々を加え、手早くあえて仕上げる。

＊カレー粉をプラスしたこのパスタは僕のオリジナル。ちょっと強めの濃厚なソースだから、合わせるパスタはかみごたえのあるリガトーニがぴったり。穴があいているのであまりシャバシャバしたソースは合わない。ペンネやフジッリなどでもいい。

材料（１人分）

リガトーニ……………………80ｇ

むきえび（背わたを除く）……………………15〜20尾

マッシュルームの薄切り……………………４〜５個分

にんにくのみじん切り……………………小さじ½

白ワイン……………………大さじ１

生クリーム……………………150cc

カレー粉……………………小さじ１

EVオリーブ油、塩、パルメザンチーズ、無塩バター……………………各適量

帆立て貝柱とほうれんそうのカネロニ

作り方

❶帆立て貝柱は縦 4 等分にして、さっとゆでる。

❷ほうれんそうは塩ゆでし、ざく切りにする。

❸フライパンで、にんにくのみじん切りを無塩バター大さじ 1 で炒め、②を加え、塩、こしょう各少々で味を調える。ホワイトソース大さじ 3 を加え、牛乳少々でとろりとするまでのばし、パルメザンチーズ大さじ 1 を混ぜる。

❹鍋にEVオリーブ油とにんにく 1 かけを入れて温め、トマトの水煮を加え、$\frac{2}{3}$量くらいになるまで煮つめる。塩、こしょうで味を調える。にんにくは取り出しておく。

❺ラザニアをゆでて広げ、③、帆立て貝柱 4 切れを中央にのせ、くるりと巻く。残り 3 枚も同様に巻く。

❻⑤をグラタン皿に入れ、残りのホワイトソースと④のトマトソースをかけ、パルメザンチーズ大さじ 1 を散らし、小指の先大の無塩バターを 4 ～ 5 ヵ所にのせて180℃のオーブンでうっすらと焼き色がつくまで焼く。

＊厳密にはソースいらず、とはいえないが、ホワイトソースは缶詰を利用し、トマトソースも速攻だから意外と手軽に作れる。残ったホワイトソースは冷凍保存できるから無駄にしないで。

材料（2人分）

ラザニア……………………4枚

帆立て貝柱…………………4個

ほうれんそう ……………$\frac{1}{2}$わ

ホワイトソース（缶詰）…200cc

にんにく（みじん切り）

……………………………$\frac{1}{2}$かけ

速攻トマトソース（100cc分）

トマトの水煮（缶詰）…150cc

にんにく（つぶす）…… 1かけ

EVオリーブ油……大さじ2

パルメザンチーズ……大さじ2

牛乳、無塩バター、塩、こしょう ……………………各適量

美味パスタへの道

第4章 気どらない旬の味

をマスターする

ベットラの四季物語

下町のイタリア料理。落合食堂の朝

「なんてカッコいいんだろう」子供の頃、僕はラーメン屋のオヤジさんが鍋をふる姿にとても憧れた。どこの町にもあるような、首をぐるりと回せば店内の隅々まで見渡せるような小さなラーメン屋。オヤジさんは、客の他愛もない世間話に賑《にぎ》やかにあいづちを打ちながらも、鍋をふる瞬間だけは、えらく真剣な表情に変わるのだった。

これが、僕の食べ物屋さんの原風景……。だから、独立して店を持つことになったとき、そんな光景が頭のどこかに刷り込まれていたのだろう。『下町の定食屋』。すんなりイメージが浮かんだ。ベットラという名前は、イタリア語で、料理と酒が楽しめる居酒屋、といった意味だ。

銀座の大通りからはずれた下町風の一角に店を開いたのは1997年の9月。気楽な食堂のあるじとして過ごすつもりでいたが、忙しい毎日が続く。予約を取らないランチはオープン前から行列。夜も予約でいっぱいだ。けれど、スタンスはあくまでも定食屋のオヤジ。旬の味を大切にした、気どらない料理を提供したい。

魚河岸までバイクでひとっ走り。気がつけばズラリお魚メニュー

朝、店に着くと、コック服に着替えて眠い目をこすりながら魚河岸へ向かう。店が銀座ということもあって、築地まではバイクでひとっ走りで着いてしまう。ラ・ベットラの開店以来のつき合いの魚屋『濱長《はまちょう》』に直行して、その日のうまい魚を聞く。相手はその道のプロ。知ったかぶりをしたってはじまらないので素直に聞くのがいちばんだ。そうやってうまい魚を教えてもらっているうちに、僕の魚料理のレパートリーはどんどん増えていった。

イタリアで習った味を落合風に若干変えていって生まれた名物パスタもその一つだ。小柱のスパゲティや新鮮なうにのスパゲティなどのベットラの定番パスタはこうした中で生まれてきた。僕のメニューに魚介類のパスタが多いのは、こんな理由にもよる。

レモンのタリオリーニ

作り方

❶タリオリーニをゆで始める。

❷フライパンでホワイトソースと牛乳を温め、するすると流れるくらいにのばす。

❸②にレモンの皮の½量、レモン汁、こしょう、パルメザンチーズを入れ、フライパンをゆすりながらとろんとした感じになるまで弱火で煮つめる。

❹ゆでたてのタリオリーニをあえ、無塩バターひとかけらを加えてざっと合わせる。器に盛り、上に残りのレモンの皮をのせる。

ワンポイントアドバイス

ホワイトソースを手作りするなら

1 鍋で無塩バター50ｇを弱火で溶かし、火からはずして強力粉50ｇを加え、よく混ぜ合わせて再び弱火にかけ、粉によく火を入れる。

2 火からはずし、牛乳500ccの⅓量ほどを加え、よくのばす。残りの牛乳を少しずつ加えながらのばし、10分ほど、静かに混ぜながら煮る。でき上がりの量は約400cc。

材料（1人分）
タリオリーニ……………80g
レモン汁………………½個分
レモンの皮（すりおろす）
……………………1個分
ホワイトソース（缶詰）‥50cc
牛乳…………………100cc
パルメザンチーズ‥大さじ2
塩、こしょう、無塩バター
……………………各適量

ベットラの四季物語・春

レモンとオリーブが運んでくる小さな春

店の前にはレモンとオリーブの木がある。イタリア料理屋だから、やっぱりどこかでイタリアの風を感じていたい、と開店時に購入したものだ。鉢植えにすぎないけれど、小さな四季を運んできてくれる。春の終わり、初夏に近い季節、レモンの小枝にはアゲハチョウのさなぎが空に飛び立つ日を待ち、オリーブの葉は銀色の葉裏を輝かせ、シェスタ気分を誘う。

そうだ、こんな日はさわやかなレモンの風味を生かしたパスタを作ろうか、と閃《ひらめ》いたのが、以前イタリアのマンマから教わったタリオリーニだった。魚介類のソテーにレモンソースは定番だから驚かないが、パスタにレモン汁？　しかもクリームソース？　初体験の一品は僕の頭を一瞬混乱させた。が、一口食べて経験したことのないマイルドで軽快な味のとりこになった。冷めてもちょっとしたデザート代わりにイケルところも気に入っている。レモンの皮のすりおろしが決め手なのだろう。

イタリア料理の豊かさの真髄をオリーブ油に見た

イタリアではあちこちでオリーブ畑を見かける。あれは冬の初め、フィレンツェ郊外へめしを食いに行ったときのことだ。ちょうどオリーブの実の収穫時期だったのだが、そののどかさに驚いた。オリーブの木の下にはビニールシートが敷いてあり、木の上で男が枝をゆさゆさとゆらす。実がパラパラとシートに落ちる。それを集めてかたわらのトラックへと運ぶのだ。なんという原始的なやり方！　さらに、トラックで運ばれたオリーブは近所の納屋を改装した工場《こうば》で、これまた原始的な搾り機で搾られる。近所の人がびんを持参して買いにくるそうだ。

イタリアでのオリーブ油は、日本でいえばしょうゆのような役割だ。しかし、今の日本では、もはやこんなに土地と密着した形でしょうゆは作られていない。イタリア料理の基盤をなし、パスタを底で支えているオリーブ油。製法が原始的であればあるほど、イタリアの豊かさの象徴のような気がしてならない。

それにしても、うちのオリーブの木に実がなるのはいつのことだろうか。

バジリコとトマトの冷たいスパゲティ

作り方

❶ペスト（ジェノベーゼソース）を作る。にんにくをフードプロセッサーでみじん切りにし、松の実、バジリコの葉、塩を加えて再びフードプロセッサーを回す（フードプロセッサーがないときは、包丁で粗く刻み、すり鉢でする）。

❷パルメザンチーズを加え、EVオリーブ油を加減しながら加え、とろりとしたペースト状に仕上げる。

❸ソースを作る。トマトの皮を湯むきし、種を除いて小さな角切りにする。ミントは粗いみじん切りに。

❹ボウルに③、②のペスト25～40ccを入れ、塩、こしょうで味を調え、EVオリーブ油でよくあえる。

❺スパゲティは少しやわらかめにゆで、流水で手早く冷やし、水けをきって盛り、④のソースをかけ、くし形切りにしたゆで卵とミントの葉を飾る。

ワンポイントアドバイス

冷たいパスタの麺のゆで方

イタリア人は基本的には冷たいパスタは食べないから（猛暑のシチリア島で出合ったパスタは例外）、これは日本独特の食べ方。ざるそばや冷やし中華と同じように、ゆで上がったら冷たい水で麺を締めるので、いつもよりも１分長めにやわらかくゆでるのがコツ。芯がないくらいでちょうどいい。アルデンテだと固すぎてうまくない。

材料（1人分）

スパゲティ ……………80g

ペスト（約75cc分）

- にんにく ……………小½かけ
- 松の実 ……………大さじ1
- バジリコの葉 ………½枝分
- 塩 ……………小さじ¼
- パルメザンチーズ‥大さじ1
- EVオリーブ油…………30cc

フルーツトマト …………3個

ミントの葉 ……………½枝分

EVオリーブ油……………50cc

塩、こしょう …………各適量

ゆで卵……………………1個

ベットラの四季物語・夏

やわらかだこのサラダと冷たいパスタ。炎天下のイタリアでの思い出の味

客席と壁一枚へだてた厨房。なのに、夏は天国と地獄ほどの差がある。厨房の中の温度ときたら、50度近くになることもある。厚い木綿のコック服は、汗を吸って倍くらいの重みにも感じるほどだ。

午後4時すぎ、僕らの昼食が終わると、時間が許す限り、通りに面したテラスで新聞を広げる。しかし、ものの1ページも読まないうちに、たちまち睡魔に襲われる。そよと風が吹く。汗が引いていく。こんなときの風の気持ちよさったらない。この感触……。ひと夏すごしたナポリ湾に浮かぶ島、イスキア島がフラッシュバックする。もう30年も前のことだ。

その年、僕はローマのレストランで働いていたが、店が長い夏休みに入った。しかし、修業の身としては休んでなんかいられない。そこで、夏場フル回転のリゾー

ト地のレストランを紹介してもらったのだ。

僕の関心事は冷蔵庫の中身だった。なにしろ周りは海、どんな魚にお目にかかれるやら、とワクワク……。しかし、中身は冷凍の魚介類でぎっしり。日本の水産会社の名前が書いてある段ボール箱すらあった。がっかりしていたとき、ひょいとつまんで食べたたこのマリネの常識を打ち破るやわらかさ！　僕はガツンと脳天をぶったたかれたような気持ちになった。そうとう時間をかけてゆでていたはずなのに、たこの香りも抜けていない。

やわらかさを生み出す秘訣は火加減

そうか、見落としていたのだ、僕は。たこをゆでるときに限って、家庭用のしょぼいコンロを使っていたことを。強い火力を使えばあっという間に煮えるのに、と小バカにしていたが、ごくごく弱火で煮ることで、たこは固くならずにうまくなるのだ。

ラ・ベットラの定番、たことセロリのサラダはこうして生まれた。さらに、シチリアを旅行していたときに出合ったお土産レシピが、バジリコとトマトの冷たいスパゲティだ。炎天下で食べたひんやりしたたこのパスタのうまさを今でも思い出す。

きのこ入りペンネ・アッラビアータ

作り方

❶フライパンでEVオリーブ油大さじ２とにんにく１かけ、赤唐辛子１本を温め、適当な大きさに切ったきのこを汁けが出るようにゆっくりと炒め、塩、こしょうで軽く味を調える。

❷別のフライパンでにんにく２かけ、赤唐辛子１½本をEVオリーブ油大さじ１で温め、トマトソースと粗く刻んだイタリアンパセリ１本分を加えて軽く煮つめ、①のきのこを汁ごと加えてソースを作る。

❸ペンネをゆで、②のソースであえ、刻んだイタリアンパセリを散らす。

＊「おこりんぼ」という名のパスタなので、にんにくも赤唐辛子もいつもの３倍くらいの量を入れて辛みをきかす。

ワンポイントアドバイス

きのこの下ごしらえの注意点

秋の味覚の代表選手の一つ、きのこ。イタリアではきのこの王様はなんといってもポルチーニだが、日本にも「香り松茸、味しめじ」と言われるように、おいしいきのこがある。扱い方でいちばん大事なことは、絶対に水洗いしないこと。土がついているときには払い落とし、汚れは固く絞ったぬれぶきんでぬぐう。水けを吸うと香りが台無しに。

材料（1人分）

ペンネ……………………80g
きのこ（しめじ、マッシュルーム、生しいたけなど好みのきのこを合わせて）‥200g
にんにく（つぶす）…小3かけ
赤唐辛子（種を除く）…… 2 ½本
イタリアンパセリ ……… 2本
トマトソース……………150cc
＊P42～45参照
EVオリーブ油………大さじ3
塩、こしょう……………各適量

ベットラの四季物語・秋

秋いちばんの風物詩がポルチーニきのこ。9月に入るとイタリアから空輸で店に届く

秋、イタリアの市場にもさまざまなきのこが森の下草のような芳香を放ちながら、並ぶ。ことにポルチーニきのこは、松茸のような存在だ。そのポルチーニが、今では9月に入ると空輸で店に届く。

10年くらい前までは乾燥品を水でもどして使っていたのだが、別物といっていいくらい味も食感も香りも違う。フレッシュのポルチーニを一度でも口にしたら、もう元へは戻れない。だから、最盛期になると、2箱だけ余分にとり、僕らの昼食の食卓にも登場する。ゆうに6 kgはあるだろうか。15人のスタッフ全員、もう動けなくなるまで腹いっぱい食べる。

調理法はアーリオ・オーリオで焼くだけ。これがシンプルにして最上の食べ方だ。イタリア人にとっても、このきのこに限っては、メインで食べるごちそうだ。

アーリオ・オーリオの香りとあいまって、ポルチーニのとろけるような匂いが厨房から店全体に広がっていく。例年のことだから、スタッフ全員がそのうまさをよく知っていて、焼きたてを食べようと手ぐすねを引いて待っている。

懐の深いきのこの調理バリエーション

にんにくとＥＶオリーブ油でただ焼くだけの調理法は、料理とも呼べないほどのシンプルさだが、うまさを引き出し、ジューシーに炒め上げるのにはコツがいる。一度きのこから出たエキスを、またきのこに充分に吸わせるように戻してやるのだ。細切りにして同様に炒めたポルチーニは、肉や魚のすてきなソースにもなる。もちろん、パスタの具にもなる。炒めたものをフードプロセッサーでペースト状にすれば、それは奥行きの深いまろやかなソースにもなる。ラビオリにかけて食べればうなるほどおいしい。

ポルチーニに限らず、秋のきのこは香りもよく本当にうまい。日本にもすばらしいきのこがいっぱいあるので、僕は実によく使う。うまい食材には直球で勝負する。直球でありながらも、その懐の深さにはいつも驚かされている。

オマールえびのパスタ

作り方

❶オマールえびは縦2つに切る。はさみは肉たたきなどでたたいて割れ目を入れる。

❷フライパンでEVオリーブ油とにんにく、赤唐辛子を温め、①のオマールえびを殻のほうから入れて香りが出るまで炒め、ひっくり返したら身はさっと焼く程度にする。

❸白ワインを加え、強火で手早く水分を蒸発させ、トマトの水煮を加え、⅔量くらいになるまで煮つめ、塩、こしょうで味を調える。

❹リングイネをゆで、ゆでたてを③に加えてフライパンの中であえ、器に盛ったらイタリアンパセリを散らす。

ワンポイントアドバイス

オマールえびの扱い方

生きたオマールえびが手に入ったら次のように処理する。ふきんの上にえびを置き、頭から尾にかけて出刃包丁で縦に包丁を入れ、大きく切り分ける。みそは大切に取り扱う。大きなはさみにもおいしい身が詰まっているので、包丁の背や肉たたきなどで殻に割れ目を入れ、食べやすい大きさに切る。殻は固いので出刃包丁が必要だ。

材料（1人分）

リングイネ………………80g
オマールえび……………$\frac{1}{2}$尾
トマトの水煮（缶詰）…150cc
にんにく（つぶす）……1かけ
赤唐辛子（種を除く）……$\frac{1}{2}$本
白ワイン…………………25cc
EVオリーブ油………大さじ2
塩、こしょう、イタリアンパセリ（粗みじん切り）……各適量

ベットラの四季物語・冬

クリスマスに、なぜえびなのか? イタリアでの温かいもてなしの思い出から

ベットラではクリスマスに七面鳥は焼かない。僕なりの思い入れからオマールえびが登場することが多い。日本人は世界一えびが好きな国民といわれているが、イタリア人にとってもえびはごちそうだ。ただ、ごちそうだからという単純な動機だけではなく、ちょっとした思い出もからんでいるのだ。

イタリアで初めて迎えたクリスマス。敬虔《けいけん》なカソリックのこの国では、クリスマスは休業、いや国全体が休みになる。日本でいえば元日と同じだ。僕は寝正月ならぬ、寝クリスマスを決め込んでいた。ところが、その夜、働いていた店のオーナーが僕を自分の家に招待してくれたのだ。

「ブオン・ナターレ（クリスマスおめでとう）」

両手を広げて迎えてくれたオーナー。やがて食卓に料理が運ばれてきた。それは

七面鳥や鶏の丸焼きではなく、ローストビーフでもなく、ゆでた伊勢えび！　ドカンと皿に盛りつけられた伊勢えびのほかには、これまたえび入りのポテトサラダ。決して凝った料理ではなかったが、クリスマスだけは家族で食卓を囲むというのがイタリアの伝統的な習慣。そこへ招いてくれた温かな心が印象的で、クリスマスというと僕の頭に浮かぶのはそのときのえび尽くしの料理なのだ。

オマールえびをたっぷり使ったゴージャスなパスタも、ハレの日にはいいんじゃないかと思っている。

トリノ名物・バーニャカウダやボッリートも冬ならではのメニュー

冬季オリンピックですっかりおなじみになった、トリノが発祥の地といわれる「バーニャカウダ」も冬を彩る料理の一つ。にんにくやアンチョビで風味を添えて温めたオリーブ油に、野菜をつけながら食べる、「熱いお風呂」という意味を持つ料理。

また、お腹の中から温まる、イタリア式おでん「ボッリート」もベットラでは人気者だ。僕はこうしたイタリアの伝統的な料理や、イタリア人が日常的に食べている料理をメニューにのせることが多い。意外に頑固で保守的な彼らに敬意を払って。

美味パスタへの道

第5章

魚介の扱いとさばき方

をマスターする

帆立て貝の殻をはずす

ベットラのパスタには帆立て貝がよく登場する。最近では殻つきのフレッシュなものが手に入りやすくなったから、ぜひそれを使ってほしい。さて、貝の殻を開ける基本は一つ。殻とくっついている貝柱を殻から切り離せれば、殻は開く。慣れないうちは手を傷つけないように軍手をはめて。

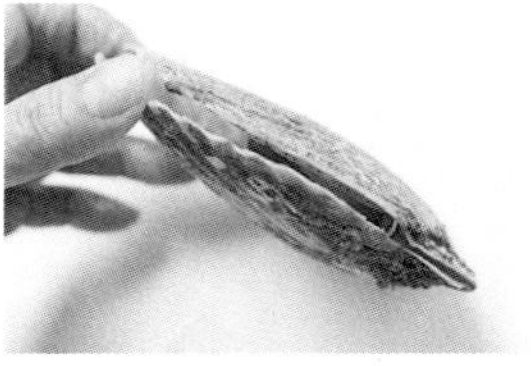

1殻をたわしでよくこすり洗いしておく。殻を横から見て、ふくらんだほうを下に、平たいほうを上にして持つ。

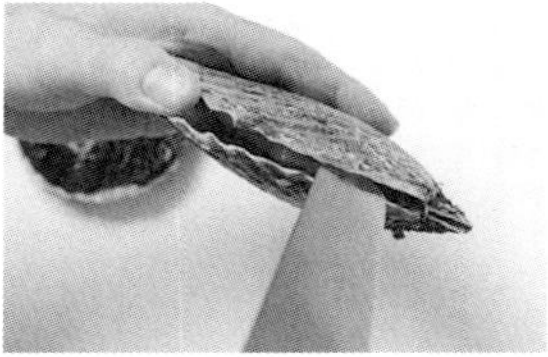

2殻の右下（ちょうつがいのついている部分近く）からテーブルナイフかペティナイフを差し込む。

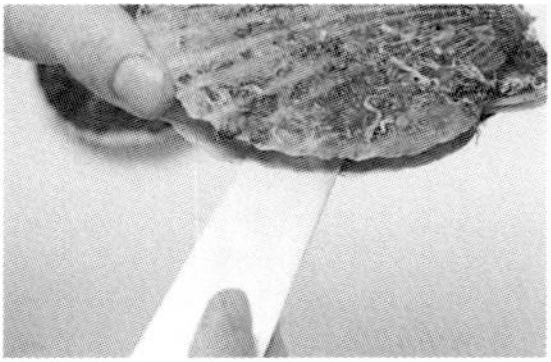

3差し込んだナイフを少しずつ中央に向けて移動させる。殻の天井にくっついている部分の身を切り離す感じで。

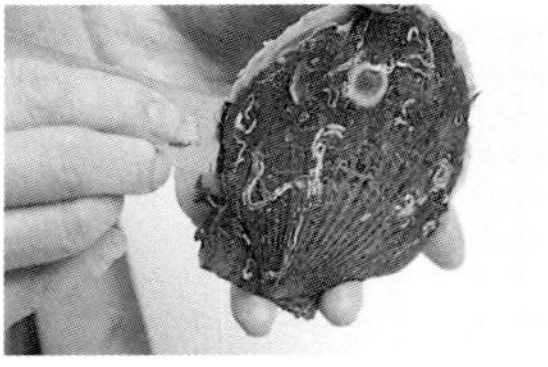

4さらにナイフを中に差し込み、貝柱を殻から少しずつ切り離していく。初めての人は軍手をして殻を持つこと。

5 ある程度貝柱を切り離すと、殻は開いてくる。こうなったらあとは簡単。残った貝柱を殻から少しずつはずす。

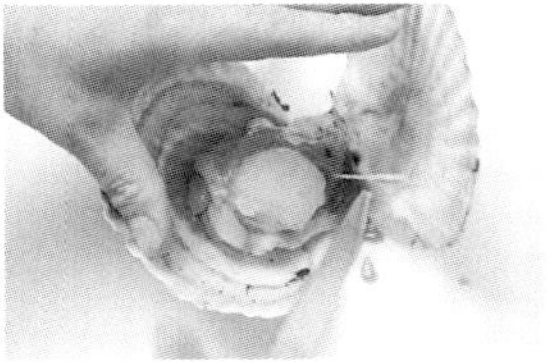

6 底が丸いほうの殻を残し、平たいほうの殻をはずす。

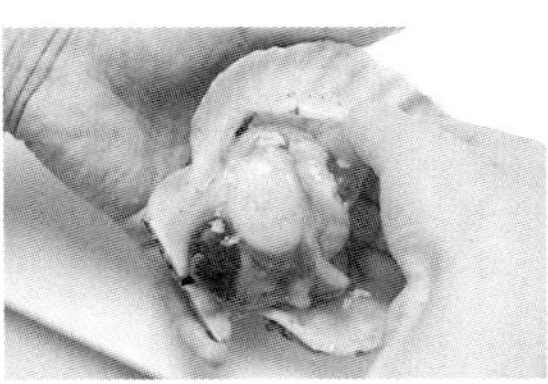

7 料理に使うのは貝柱の部分だけ。周囲についている内臓やひもは取り除く。

8 ひもを静かに引っ張ると、内臓もいっしょに取れる。ひもの部分は焼いたり煮てもおいしい。だしもとれる。

9 貝柱の周囲の薄皮をむき、貝柱の脇についている茶色い部分を薄くそぎ取る。貝柱を殻からこそげ取って完了。

専用の殻むきもあるが、家庭ではテーブルナイフやパレットナイフで充分。

いかをさばく

魚はおろせなくても、いかをさばけるようになると料理がグンと楽しくなる。冷製パスタなどでは、やはり生いかを使いたいもの。ここではやりいかを使ったが、するめいかなど軟甲を持ついかに共通するさばき方なのでぜひ覚えたい。皮がむきにくい場合はふきんを使えばやりやすい。

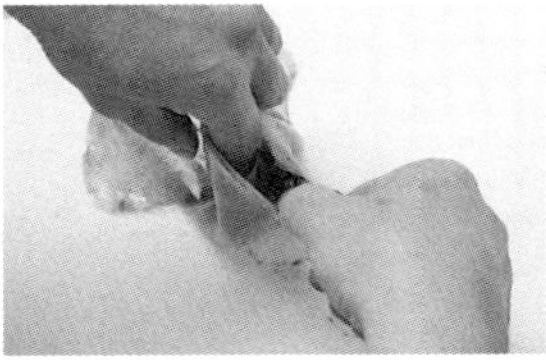

1 内臓と足をいっしょに引き出す。まず、胴に指を入れ、軟甲にくっついている腸などの内臓を指ではずしていく。

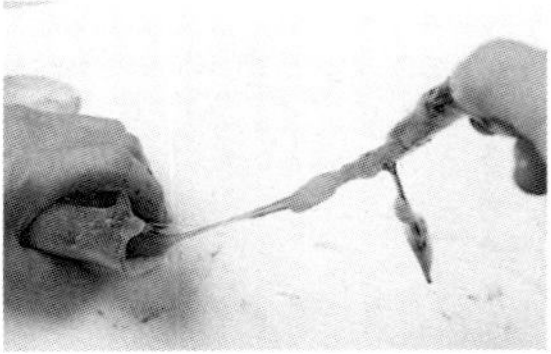

2 目のあたりを右手で持って、静かに足を引き出す。すでに内臓は軟甲からはずれているので、内臓の先端まで出てくる。

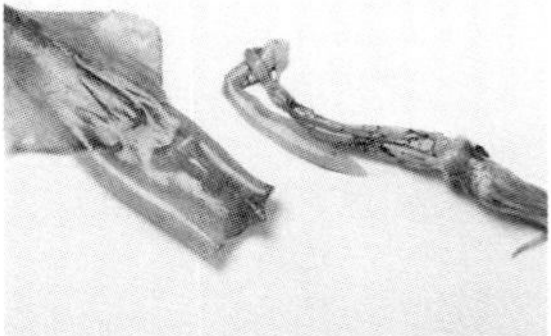

3 内臓ごと引き出した状態。やりいかのすみ袋は内臓に細長くついている。

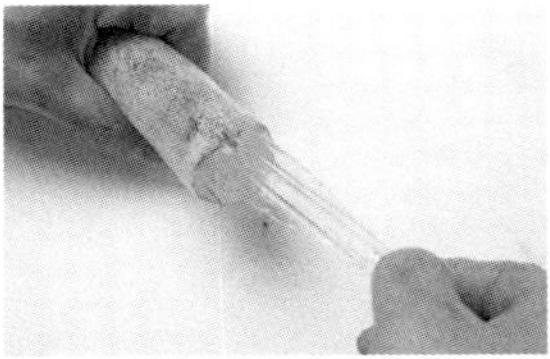

4 胴の中にある軟甲を指で引っ張り出す。

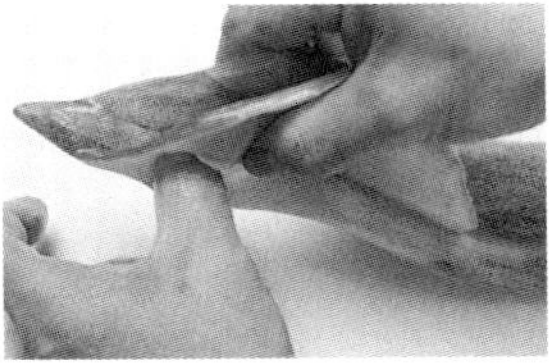

5胴の皮をむく。えんぺら（胴の先の三角形のひれの部分）をはずし、ここから皮をむいていくと作業がラク。

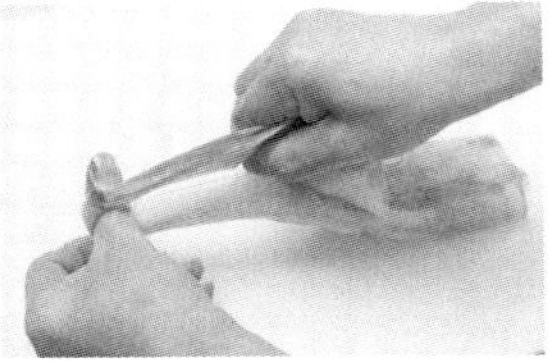

6えんぺらの先の部分に指先を入れ、えんぺらの先端部分だけ皮をはずす。これでえんぺらと胴体の先端がはがれる。

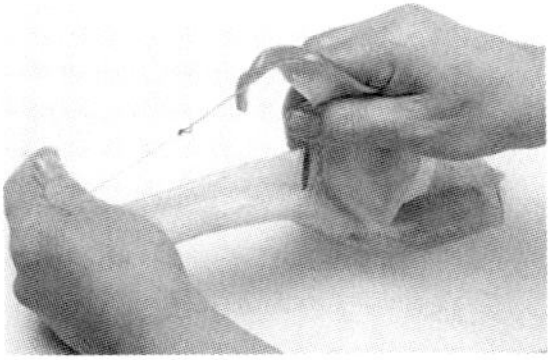

7えんぺらを持ったまま、静かに下へ引っ張っていくと皮が自然にむける。手がすべるようならぬれぶきんでつかむ。

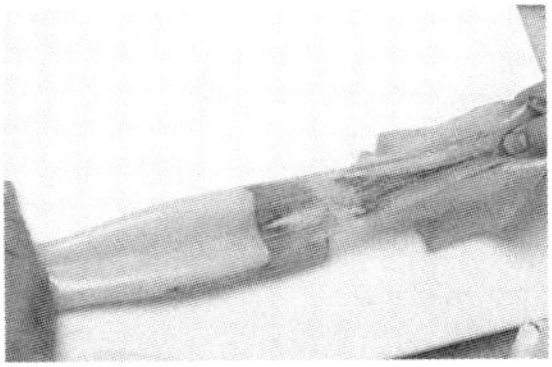

8下まで皮をむく。もし、皮が残っているようなら、手でむく。ぬれぶきんを使ってもいい。

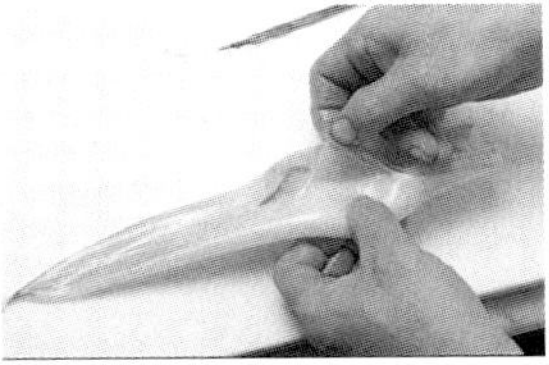

9茶色っぽい皮の下には、透明な薄皮がついているので、これも取り除く。軽く引っ張ると取れる。

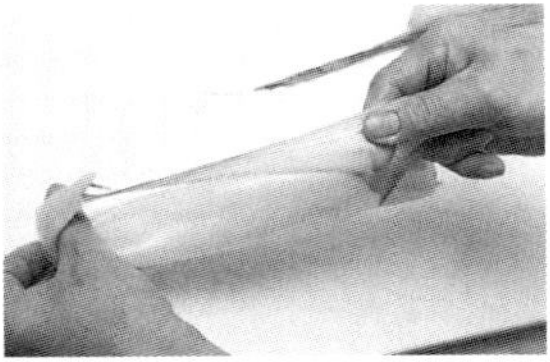

10薄皮の下に指先を差し込み、軽く引っ張りながらむいていく。

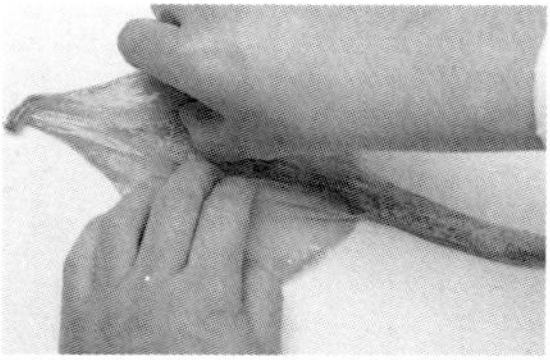

11 えんぺらの皮をむく。まず、えんぺらの中央部分の皮を軽くつまみ上げる。

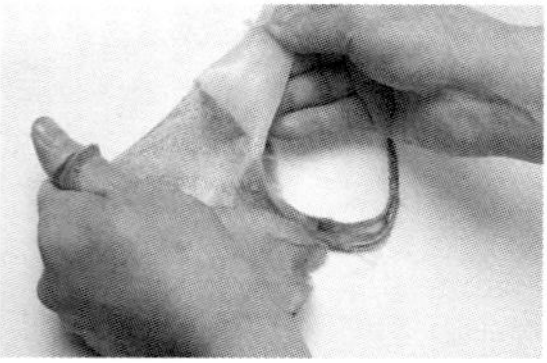

12 つまんだ部分から左半分、そして右半分と、両端に向かって半分ずつむいていく。

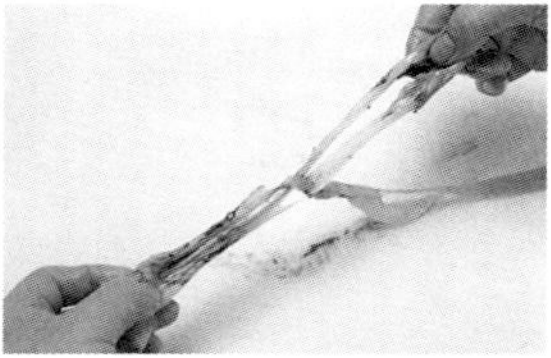

13 足の部分の処理をする。内臓の周囲には膜のように薄く身がついているので、これを静かに引っ張ってはがす。

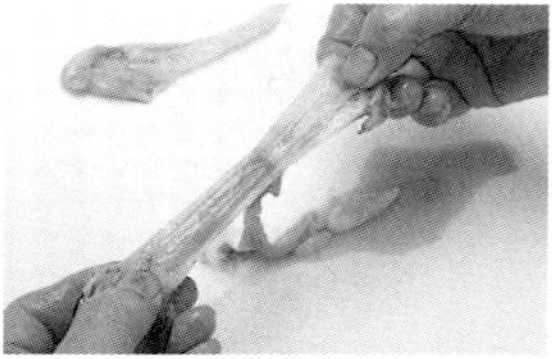

14 内臓の裏側にも身がついている。たいした量ではないが、この白い身は意外においしいので、料理に使う。

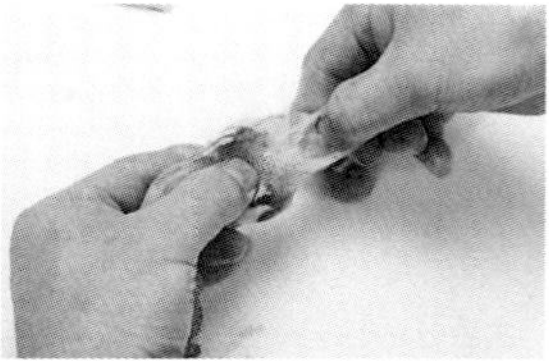

15 内臓部分を足から取り除く。指先で静かにちぎるようにして取る。

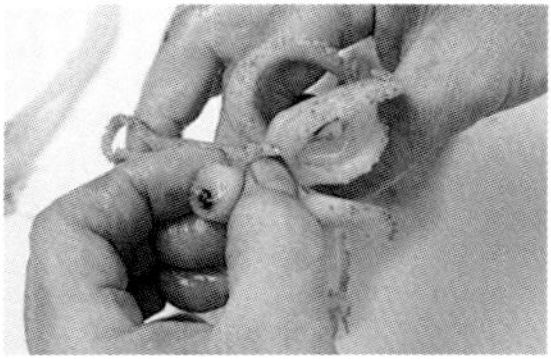

16 足の付け根をひっくり返すと、固いものが見つかる。これはくちばし。俗にとんびといって食べられないので取る。

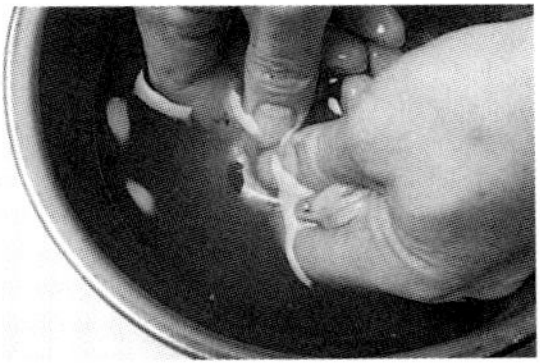

17目玉を取り除くが、すみ状のものが出ることがあるので、ボウルに水をはり、その中で目玉を探り、取り除く。

18皮をむいた状態。左からえんぺら、胴、内臓の裏側についていた身、足。

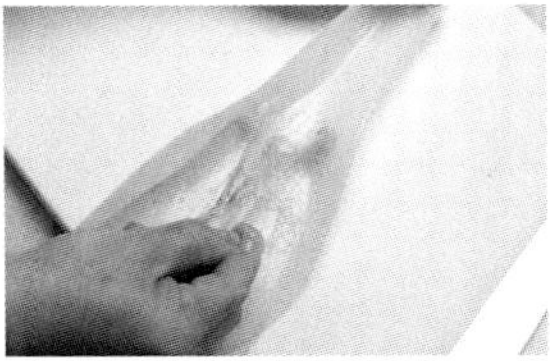

19さらに胴を切り開いて使う場合は、内側の薄皮をむく。胴の上のほうから下に向かって引っ張っていく。

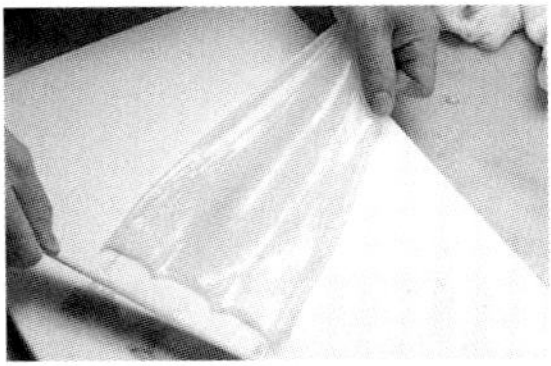

20薄皮が残っていると調理したときに丸まりやすいのできれいに取る。その後、包丁で表面のぬめりをこそげて完了。

えびの背わたを取る

この本の中でもっとも登場回数の多い魚介といえばえびだろう。えびには背の部分に「背わた」と呼ばれる黒い筋状のわた(腸管)がある。砂などを含んでいる場合があり、口当たりも悪いので、調理の前に必ず取り除いておく。殻つき、むきえびなどの種類にかかわらずやっておく処理。

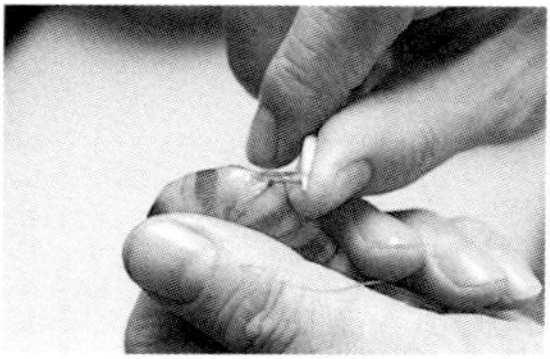

1頭を手前に持って、胴を丸め、殻の隙間に竹串を入れて背わたをすくい上げる。上に引っ張らずに手前に引く。

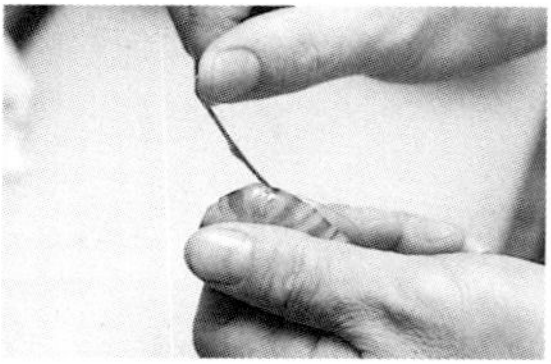

2尾にかけてついていた背わたが引き出せたら、次に尾に向けて引っ張るようにすれば切れずに引き出せる。

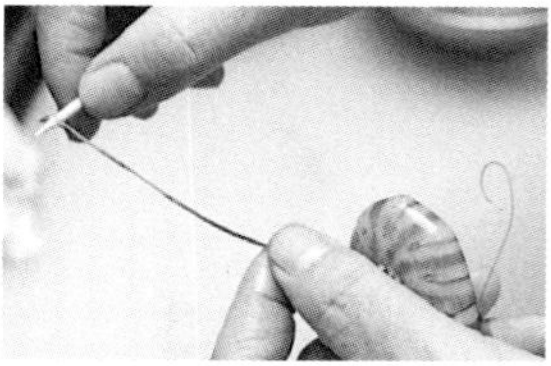

3取り除いた背わた。中には砂などが含まれている。殻がないむきえびの場合も同様に処理する。

生きたえびを使う場合には、はねて調理しにくいので真水につける。こうするとおとなしくなって処理しやすい。

ムール貝の足糸《そくし》を取る

市場にも出回っておなじみになったムール貝だが、実際に調理したことのない人もまだまだ多いことと思う。そこで、この貝の下ごしらえの秘訣を教えよう。藻のようなものは足糸と呼ばれ、食べられないので必ず取っておく。それと、殻をたわしでこすって汚れを落とすことも大事。

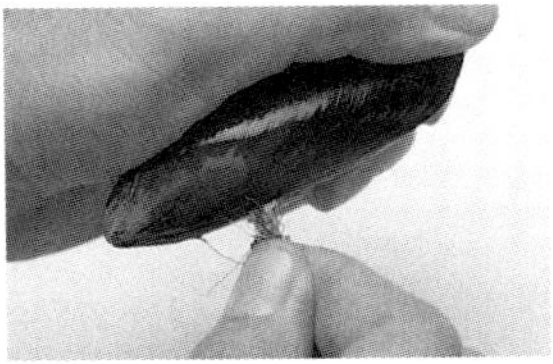

1 岩などに付着したときに、波に流されないようについているのが足糸。必ず取り除いておくこと。

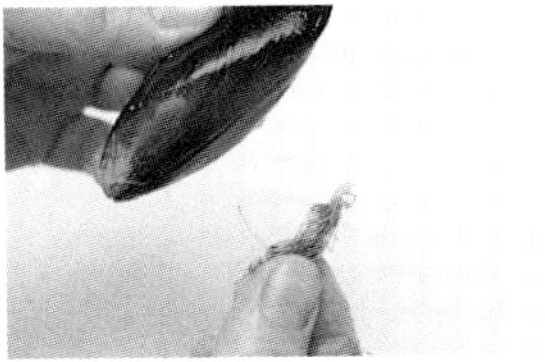

2 殻のちょうつがいが下向きになるように貝を持ち、もう一方の手で足糸を下にぐいっと引っ張ると簡単に取れる。

かれいの五枚おろし

魚の三枚おろしよりも簡単なのが五枚おろし。大型のかれいなどはこのやり方でおろすと意外にラク。かれいはうろこが細かいので、表側（黒い背の部分）、裏側（白い腹の部分）ともていねいにうろこを引いておくことが大事。うろこ引きより包丁を使ったほうがやりやすい。

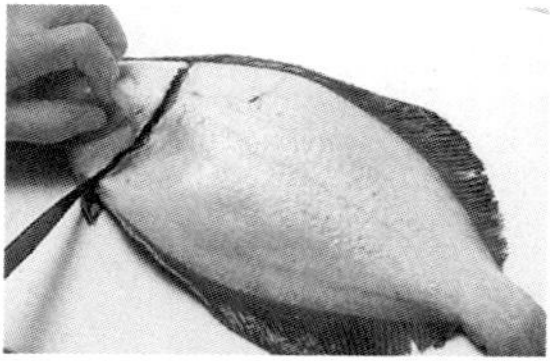

1 うろこを引いたかれいの胸びれの下を中心に、頭のつけ根、あご下にかけて包丁を入れ、頭を切り落とす。

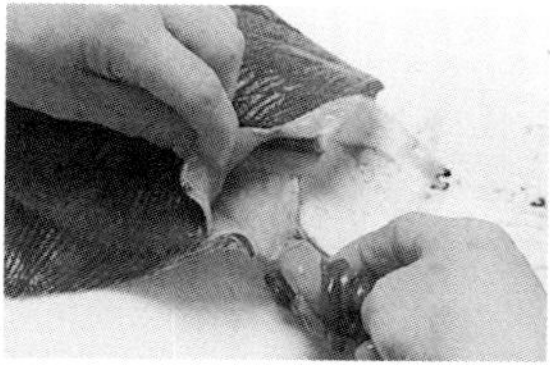

2 内臓を包丁の先でかき出して、あとは手で引っ張り出す。腹の中まできれいに水洗いして水けをよくふき取る。

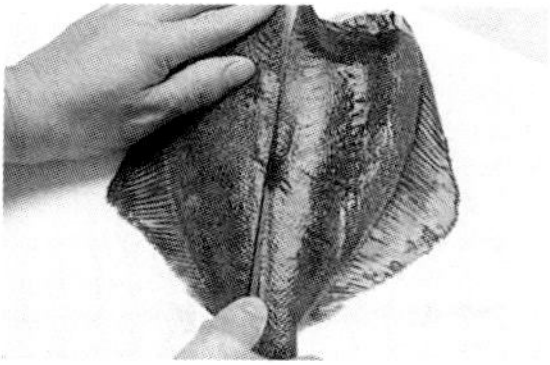

3 表の頭側を向こうにして置き、中骨に沿って尾まで包丁を入れる。出刃よりも刃が薄い洋包丁のほうがいい。

4 向きを変えて背びれが手前になるように置く。背びれの少し上に沿って包丁を寝かせながら切り込みを入れる。

5切り込みから骨の上に沿わせて包丁を進めて身をはずしていく。身を少し持ち上げながら切っていく。

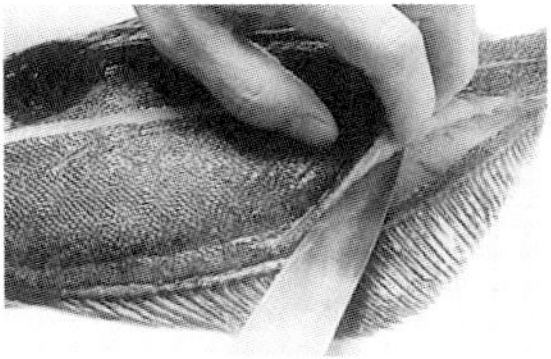

6中骨まで到達したら、魚の向きを変え、中骨についている部分の身を切り離す。

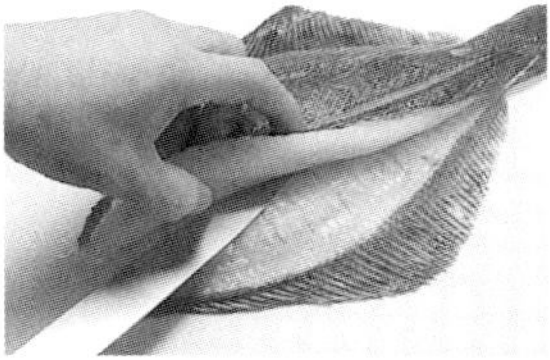

7これで上身の半分、つまり5枚のうちの1枚が切り離せたことになる。

8上身の片側の身も切り離す。今度は中骨側から腹側に向かって包丁を入れていくが、要領は前と同じ。

9腹にまで達したら、身を軽く持ち上げて包丁の刃先で皮を切っていく。裏側も表側と同様に切っていく。

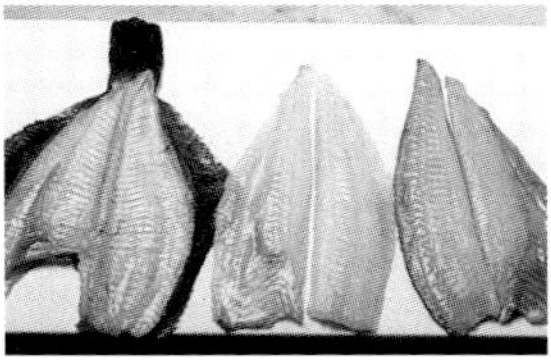

10身が4枚、中骨が1枚切り離せた。合計5枚になるので「五枚おろし」とよぶ。腹骨をすき取ってから使う。

本作品は文庫化にあたり、１９９９年11月刊行された『イタリア食堂「ラ・ベットラ」のシークレットレシピ』、２００２年７月刊行された『イタリア食堂「ラ・ベットラ」のお魚レシピ』、２００３年３月刊行された『ラ・ベットラ　落合務のイタリア料理事典』（いずれも小社刊）から抜粋し、加筆・再編集したオリジナルです。

落合務―1947年、東京都に生まれる。イタリアンレストラン「ラ・ベットラ・ダ・オチアイ」のオーナーシェフ。1978～81年、イタリアで料理修業を積む。帰国後、赤坂のイタリア料理店「グラナータ」の料理長に就任。1997年から現職。〝予約のとれないレストラン〟〝行列のできるレストラン〟として有名になる。著書には『イタリア食堂「ラ・ベットラ」のシークレットレシピ』『ラ・ベットラ落合務のイタリア料理事典』『イタリア食堂「ラ・ベットラ」のお魚レシピ』『ラ・ベットラのイタリアンドルチェ』（以上、講談社）などがある。

講談社＋α文庫　落合務《おちあいつとむ》の美味《びみ》パスタ

落合《おちあい》 務《つとむ》

2006年 4 月20日第 1 刷発行

発行者――――野間佐和子
発行所――――株式会社 講談社
東京都文京区音羽2-12-21 〒112-8001
電話 出版部(03)5395-3527
販売部(03)5395-5817
業務部(03)5395-3615
写真――――今清水隆宏
渡邊文彦
デザイン――――鈴木成一デザイン室
印刷・カバー印刷――凸版印刷株式会社
製本――――株式会社国宝社

落丁本・乱丁本は購入書店名を明記のうえ、小社業務部あてにお送りください。
送料は小社負担にてお取り替えします。
なお、この本の内容についてのお問い合わせは
生活文化第一出版部あてにお願いいたします。
Printed in Japan ISBN4-06-281012-3
定価はカバーに表示してあります。